직장이 전부다

직장이 전부다

이와이즈미 다쿠야 지음 | 정유선 옮김

책미래

직장이 전부다

1판 1쇄 인쇄 | 2013년 5월 2일
1판 1쇄 발행 | 2013년 5월 9일

지은이 | 이와즈미 다쿠야
옮긴이 | 정유선

기   획 | 안민혁
교   정 | 정영석
디자인 | 이주연, 배경태
펴낸이 | 배규호

펴낸곳 | 책미래
출판등록 | 제2010-000289호
주   소 | 서울시 마포구 공덕동 463 현대하이엘 1728호
전   화 | 02-3471-8080
팩   스 | 02-6353-2383
이메일 | liveblue@hanmail.net

ISBN | 978-89-967226-9-4 13320

진정한 프로가 되기 위하여

현재를 살아가는 비즈니스맨에게 있어서 30대는 큰 전환기라고 할 수 있다.

당신이 샐러리맨일 경우, 회사가 기대하는 구체적인 성과를 올리지 못하면 회사는 당신을 미래를 이끌고 나갈 인재라고 평가하지 않을 것이다. 심지어 창업을 하려고 해도 평균점 정도의 업무 능력을 가진 사람이 독립을 할 경우 잘 되리라는 보장은 없다.

그런 의미에서 30대는 변화가 필요한 세대이다. 입사해서 2~3년은 장래에 대한 투자라는 면에서 평균 정도나 혹은 그 이하의 성과밖에 올리지 못하더라도 장래성을 기대하면서 구조 조정을 실시하는 일은 없었다. 그러나 그러한 경향도 점점 무너져 가고 있다. 20대라도 회사가 기대하는 성과를 올리지 못하면 회사는 엄격히 대처해 나간다.

하물며 30대라면 더욱 심각하다. 주택융자가 있든, 교육비가 들든, 생활이 곤란하든 간에 그러한 개인적인 사정을 일일이 생각해 주는 회사는 없다.

'쓸모가 없다', '경비가 들어가는 일밖에 하지 않는다'고 여겨지면 회사를 떠날 수밖에 없는 것이 엄연한 현실이다. 냉정하다고 할지 모르지만 지금 우리는 그러한 시대를 살아가고 있다.

그런데 당신은 지금 몇 살인가?
현재 만족할 수 있는 삶을 살아가고 있나?
그리고 업무에서 성과를 자랑할 수 있나?

한번 생각해 보길 바란다. 만약 그렇지 않다면 회사는 당신을 인정하고 있지 않을 것이다. 어쩌면 '필요 없는 직원 리스트'에 올라 있을지도 모른다.

특히 30대 사원, 즉 중견 사원이라면 그 가능성은 충분히 있으며, 40대 사원의 구조조정이 끝나면 그 다음의 목표는 30대로 옮겨진다. 이러한 양상이 앞으로 점점 본격화되어 갈 것이므로 그저 마냥 방관하고 있을 때가 아니다.

회사는 회사에 도움이 되지 않는 사원은 빨리 몰아내고 싶어서 좀이 쑤실 지경이다. 하지만 결코 위협하거나 협박하지는 않는다. 이것이 많은 회사들의 겉으로 드러내지 않는 본심이다.

지금 우리나라의 경제는 앞을 내다볼 수가 없는 상황이다. 경기가 그리 간단하게 회복되리라고는 생각할 수 없는데, 당신이 근무하는 회사는 어떠한가?

업무 성과가 좋다는 것은 경영 방침이나 회사의 의식 수준이 확실하게 갖추어져 있다는 것을 말한다. 목적 달성을 위해서 각각 명확한 목표를 갖고 긍정적인 자세로 업무를 하고 있음에 틀림없다. 그러한 회사는 불경기이든 아니든 간에 업무 성과를 발전시켜 나간다. 아마도 업무 성과가 좋지 않거나 아예 없더라도 불황을 탓하는 일은 없을 것이다.

업무 성과가 좋지 않다는 것은 경영 방침뿐 아니라, 직원의 마음속에는 스스로가 '회사를 새롭게 바꿔 나가자!'라는 마음도 없을 것이다. '대충대충 하고 일한만큼의 월급만 받으면 그만이다', '나라 전체가 불경기니까 성과가 나오지 않더라도 어쩔 도리가 없다'라는 식으로 생각하며 발전을 위해서 조금도 노력하는 마음이 없는 조직 집단일 것이다.

회사도 수명이 있다. 영원토록 계속 번영한다는 것은 매우 드문 일이다. 보통 회사의 수명은 30년이라고 한다. 항상 적극적인 태도로 개혁해 나가지 않으면 필연적으로 무너져 가는 것이 회사라는 조직의 숙명이라고 할 수 있다. 그 '숙명의 기둥'을 등에 짊어지고 나가야 할 사람들이 바로 30대인 것이다.

회사에서 일을 하는 이상, 사원 한 사람, 한 사람이 '지금 이대로는 안 된다. 스스로 한 단계씩 발전해 나가지 않으면 안 된다.'라는 신념으로 업무에 임하는 자세가 필요하다. 그러한 의식 수준과 구체적인 실행력이 강력하게 요구되는 것이 지금의 회사가 처한 상황이다.

회사의 중심 멤버라고 할 수 있는 30대의 사원이 그저 시간을 때운다는 의식으로 일을 하는 경영 풍토라면 그 회사는 틀림없이 망하는 길로 달려가고 있다고 할 수 있다.

30대의 사원이 회사의 운명을 쥐고 있다고 해도 과언이 아니다.

어차피 일을 하는 것이라면 자신의 한계에 도전해 보는 것은 어떤가? 회사에서 일을 한다는 것은 회사가 당신에게 도전 목표를 부여해 주는 것이다. 즉 회사는 도전 목표의 달성도에 따라 월급을 지급하는 것이고 목표를 달성하면 월급은 점점 올라간다. 30대 중반에서 연봉 격차가 3배나 나는 회사도 있다. 이러한 경향은 앞으로 점점 더 심해질 것이다.

과거 경영의 대명사였던 '종신고용제'는 빅뱅의 침투에 의해 완전히 붕괴되어 버렸다. 탈 없이 잘 지내면 평생 회사가 책임져 줄 것이라는 생각은 완전히 환상인 것이다. 당신이 '그럴 리가 없어. 회사가 나를 져버릴 리가 없어.'라고 생각하고 있다면 그것은 큰 오해다.

회사에서 가치가 없는 사원은 반드시 버림받는다.

이것이 앞으로 회사가 취해 갈 사원의 채용 방식이다. 이것은 반드시 30대에 한정된 것은 아니지만, 30대가 앞으로 그 대상이 될 수 있다는 가능성에는 의심할 여지가 없다.

회사가 살아남기 위해서는 사원을 해고하는 일은 큰 의미를 가지지 않는다. 이익을 내지 못하는 사원은 여지없이 퇴출될 것이고 언제나 기대(목표) 이하의 업무밖에 할 수 없어서는 '무능하다'는 평가를 받는 것은 당연한 일이다. 그 정도로 엄격한 환경이 계속해서 이어져 갈 것이라는 것을 꼭 명심해 두어야 한다. 또한 그 정도의 엄격함을 사원에게 요구하지 않는 회사는 도태될 것이다.

앞으로 펼쳐질 비즈니스 사회에서는 남들과 비슷한 수준의 의식(동료와 비슷한 정도의 업무를 할 수 있으면 된다)과 같은 안일한 생각은 통용되지 않는다. 그러므로 의식 수준을 높이고 자신이 해야 할 일을 확실하게 해낼 수 있는 능력을 갖추고, 목표 달성을 향해서 전력을 다하지 않으면 안 된다. '무사태평'한 의식으로는 이제 절대로 통하지 않는다.

안일한 사고방식은 버려야 한다.

회사가 사원을 엄격히 평가하는 이상은 자기 자신도 엄격하게 평가해 볼 필요가 있다. 많은 경우, 자신이 생각하고 있는 것보다 회사의 평가는 더 낮다는 것이 통상적인 예이다. 자신이 '정말 열심히 했다'라고 생각해도 인사평가가 예상한 것보다 훨씬 낮은 경우는 다반사다. 그러한 현실을 인식하여 현재의 당신 자신을 되돌아보고 시정해야 할 점은 시정하도록 노력하길 바란다. 그렇게 해야 만이 드넓은 미래가 눈앞에 펼쳐질 것이다.

그러기 위해서는 우선 당신이 변하지 않으면 안 된다.

'보통 이상의 사원'이란 부가가치를 창출해 내는 사원이라고 생각해도 좋다. 바꿔 말하면, 자신의 월급 이상의 몫을 해내는 사람이다.

'보통 사원'이란 더도 덜도 아닌 자신의 월급 정도의 이익을 내는 사람이다.

'보통 이하의 사원'이란 시종 시간급 업무를 하는 사람, 성과가 없어도 '근무시간 내에 일했으니까 뭐라고 하지 않겠지?'라고 생각하는 사람이다.

'보통이어서는 안 된다!'

이와 같은 마음만 갖는다면 당신의 의식은 크게 달라질 것이다. 의식이 바뀌면 행동도 저절로 달라진다. 그러한 체험을 꼭 해보길 바란다. 반드시 눈앞의 시야가 넓게 펼쳐지는 것을 실감할 것이다.

당신의 변신을 기대한다.

이와즈미 다쿠야

제4장 프로페셔널의 성공 비밀 – 실행력

제5장 프로페셔널의 성공 비밀 – 커뮤니케이션

직장이 전부다

01
나는 지금
변화를 꿈꾼다
— 프롤로그

"성공이란 당신 앞에 펼쳐진 가슴 설레는 길이다.
당신이 성공을 거머쥐지 못한다면 당신이 가지고 있는 능력의
하나도 보여 주지 못한다.
자신감을 가지고 이제 성공을 위한 길을 걸어 보자."

01 나는 지금 변화를 꿈꾼다 – 프롤로그

기업은 인재를 원한다

지금 기업은 유능한 인재를 절실히 원하고 있다. '보통 사원'은 필요하지 않다. 월급 때문에 어쩔 수 없이 일하는 사람은 더 이상 회사가 원하는 사원이 아니다.

현대 기업은 무한 경쟁 시대에 돌입했다. 그렇다면 기업의 생존 전략은 어디에 집중되어 있는 것일까? 그것은 다름 아닌 우수한 인재에 의한 국제 경쟁력 확보다. 이제는 국제 경쟁력의 중심이 바로 사원들 각자의 개별 능력에 의해 좌우되는 시대로 돌입했다. 개인의 경쟁력은 기업의 경쟁력이다.

21세기 들어서 노동집약적 산업 구조에서 탈피하여 기술, 두뇌 집약적 산업으로 전환됨에 따라 이제는 인력도 집단주의적 획일성에서 벗어나 개성과 창의성을 존중하는 개별적인 인재 관리의 시대로 넘어가고 있다. 그렇다면 현대 기업은 어떠한 인재상을 원하는가?

기업마다 개성이 다르고 원하는 인재상이 다르기 때문에 한마디로 콕

집어서 말할 수는 없겠지만 일반적인 유형에는 몇 가지가 있다.

첫 번째는 진취적인 사람이다. 어떠한 난관에 부딪혀서도 굴하지 않고 자신이 목표하는 바를 묵묵히 완수할 수 있는 도전 의식과 투철한 성취 의욕을 지니고 있는 사람이다.

두 번째는 패기 있는 사람이다. 패기란 모든 일에서 밝고 긍정적으로 사고하고 실천하는 사람을 말한다. 긍정적인 사고와 행동력은 기업에게 닥치는 여러 가지 위험한 상황을 헤쳐 나갈 수 있는 힘의 원동력이며 기업 안팎에서 회사를 키우는 원동력이다.

세 번째는 전문적인 지식을 갖추고 있어야 한다. 자신이 하는 일에서 전문성이 없다면 일의 진행과 미래의 변화를 예측할 수 없다. 전문적인 지식을 갖추고 있다면 미래의 변화를 예측할 뿐만 아니라 변화 또한 주도할 능력이 생긴다.

앞으로는 시간을 때운다는 생각으로 일하는 사원은 그야말로 구조 조정 대상이다. 앞으로는 당신이 생각하는 것 이상으로 회사에서 엄격한 인사관리를 실시할 것이다. 아니, 이미 많은 회사가 그렇게 하고 있으며 그렇게 할 수밖에 없는 상황에 처해 있다.

나는 지금 프롤로그를 대신하여 제1장 '나는 지금 변화를 꿈꾼다'를 제기한다. 당신은 이제부터 인재로 거듭나야 한다. 무한 경쟁에서 탈락할 수밖에 없는 얄궂은 시대가 되었다고 하는 말은 아니다. 자신을 변화시키고 거듭나지 못한다면 더 이상 성공과는 먼 인생을 살 수밖에 없기 때문이다.

성공이란 당신 앞에 펼쳐진 가슴 설레는 길이다. 당신이 성공을 거머쥐지 못한다면 당신이 가지고 있는 능력의 하나도 보여주지 못한다. 자신감을 가지고 이제 성공을 위한 길을 걸어 보자.

가능성 사원 대 기능성 사원

기업은 지금 살아남는 회사와 그렇지 못한 회사로 나뉘는 양극화가 진행 중이다. 이러한 양극화 현상은 앞으로 더욱 가속화될 전망이다.

세계적인 경제 불황으로 대부분 고전하고 있다지만, 그 속에서도 분명 승승장구하며 경제 불황을 기회 삼아 실적을 올리는 회사가 있다. 이들 대부분이 벤처기업이다. 성장하는 벤처기업의 사원들은 일의 즐거움을 알고 도전 의욕도 높다. 반면 오랜 역사를 자랑하는 기업일수록 사원들의 도전 의욕이 떨어지는 경우가 많다. 이미 변했어야 할 것들을 오랫동안 방치했기 때문에 조직이 경직되어 더 이상 새로운 싹이 나지 않는다. 바로 여기서 비극은 시작된다. 사내에서도 양극화 현상은 두드러지는데, 가능성이 보이는 사원과 쓸모없는 사원의 색깔이 분명히 나타난다.

'2대6대2(또는 2대8)의 법칙'이 있다. 예를 들어 사원 수가 100명인 기업이라면 20명은 가능성 있는 사원, 60명은 보통 사원, 나머지 20명은 굳이 없어도 되는, 쓸모없는 사원으로 구성되어 있다는 것이다. 꼭 맞는다고 할 수는 없겠지만, 완전히 무시할 수도 없는 법칙이다. 쓸모없는 사원 20명의 경우라면 완전히 뒤처진 상태이므로 ‘2대8’의 비율이 보다 현실적인 숫자라고 하겠다. 능력 있는 20퍼센트의 사원은 회사의 경영 풍토까지도 바꿀 수 있다. 남은 80퍼센트의 사원은 그들의 성과를 ‘그대로 따르면 된다’는 식이다.

회사 내에서 무려 80퍼센트의 인력이 일반 업무를 하는 기능성 사원으로 분류되는 것이다. 20퍼센트의 사원은 ‘당신이 없으면 곤란하다’고 평가받겠지만 나머지 사원들은 ‘사정에 따라서는 구조 조정의 대상이 될 수도 있다’는 보이지 않는 압력을 느낄 것이다.

‘2대8’의 비율이 ‘3대7’ 혹은 ‘4대6’으로 변해 가면서 회사는 성공 가도를 달리게 된다. 사원의 양극화가 진행되는 지금, 당신은 어느 쪽에 있는가?

인간은 아름다운 오해를 한다. 자신에 대해서는 20퍼센트를 높게 평가하는 반면 다른 사람에 대해서는 20퍼센트 낮게 평가한다. 무려 40퍼센트나 되는 차이를 알고 있다면 그나마 다행이지만 좀처럼 느끼지 못하는 경우가 대부분이다.

불행은 여기에서 시작된다. “왜 내가 이렇게 낮은 평가를 받아야 하는 거지?” 하고 푸념해 봐야 소용없는 일이다. 나에 대한 다른 사람의 평가가 항상 20퍼센트 낮다는 사실을 기억하자.

① 추상적이고 모호한 표현들

'대체로 가능하다.', '어느 정도 완료되었다.',

'조만간 끝낼 것이다.', '조속히 추진하겠다.'

➦ 모호한 표현 대신 명확하게 숫자를 명기하여 얘기하는 습관이 필요.

'현재 80% 진행되었고, 1주일 후에 완료된다.',

'몇 월 며칠부터 추진할 것이며, 담당자는 누구이고, 어느 범위까지 어떻게 처리하겠다.'와 같이 구체적으로 얘기하는 습관을 들인다.

② 오늘 할 일을 내일로 미루는 표현

'다음에', '차후에는'…

➦ 회의는 지금 이루어지고 있는 것, 다음으로 미룬다고 더 좋은 아이디어가 나오라는 법은 없다. 지금 현재에 충실하자.

③ 위압적인 말투 및 표현

'이봐, 자네 말이야…'

'어딜 감히…!'

➦ 반말 금지! 존댓말을 쓰는 것이 좋다. 회의 참석자는 동등하다. 직급의 위계 질서를 회의 시간만큼은 잊어도 된다. 위계 질서에 의해 보수적으로 회의가 운용된다면 원활한 커뮤니케이션이란 것이 불가능해진다. 모든 회의 참석자가 동등한 입장에서 의견을 주고받고 합의를 도출해 내는 분위기가 회의의 효과를 높인다.

결국은 자신의 문제다

언제나 수동적인 자세를 취하면서도 피해 의식에 사로잡혀 불평불만을 늘어놓는 한심한 경우도 많다. 일이 제대로 진행되지 않으면 '상품이 나쁘다', '회사가 나쁘다', '경영 방침이 나쁘다'는 등의 엉뚱한 변명으로 대신한다. 이처럼 조직의 동기 부여를 떨어뜨리는 행위는 비즈니스맨으로서 가장 치명적인 행동이다.

기업이 원하는 인재는 늘 적극적인 마인드로 행동하는 사람이다. 어떠한 어려움에도 목표를 향해 전력 질주하는 능동적인 사람이다.

회사라는 조직은 갖가지 문제로 가득하다. 그때그때 문제를 해결하지 않으면 뿌리째 흔들릴 수도 있다. 이런 상황에서 문제를 회피하는 사원이 회사에 도움이 될 리 없다. 불황일수록 그것을 해결할 인재가 절실해지는 것도 그 때문이다. 당신이 지금 최악의 상황에 처해 있다면 그것은 당신 스스로가 뿌린 씨앗이다. 모든 책임은 당신 자신에게 있다.

'경영자의 태만'으로 회사가 문을 닫았다고 가정해 보자. 그 책임의 일부는 사원에게도 있다. 회사가 어려움에 처했을 때 '나라도 어떻게든 해보자.'라고 마음먹은 사원이 많았다면 어떠한 어려움도 극복할 수 있었을 것이다.

경영이 어려운 회사일수록 이처럼 적극적인 분위기는 찾아보기 어렵다. 이른바 망해 가는 회사일수록 문제가 산더미처럼 쌓여 있는 경우가 많다. 사원들은 회사에 닥친 문제는 거들떠보지도 않은 채 그저 불평불만을 늘어놓고 있을 것이다. 이런 악순환이 계속되는 한, 회사는 점점 더 기울어 갈 뿐이다.

가능성 있는 사원은 회사의 문제를 자신의 문제로 받아들인다. 부서의 목표를 달성할 수 없다면 "내가 회사의 걸림돌이 되는 것은 아닐까?" 하고 스스로 반성한다. 그리고 자신이 할 수 있는 '해결 방안'을 생각하여 제안하고 스스로가 선두에 서서 기꺼이 '본보기'가 된다.

어떠한 상황에서도 모든 것을 자신의 문제로 받아들이는 자세가 당신을 발전시킨다. 그러한 자세야말로 기업이 원하는 인재로 거듭나는 첫걸음이다.

저 사람이 없으면 정말 곤란해

'저 사람이 없으면 곤란하다.'라는 평가를 받고 있다면 당신은 이미 어디서나 주목받는 존재다. 회사에서 자신의 존재를 인정받는다는 것은 사원의 업무 능력과 상통한다.

회사에서 '있으나마나 한 존재'라는 평가를 받고 있다면 업무 성과에 따라 구조 조정의 대상이 될 수 있으며, 회사에 남게 되더라도 '그다지 도움이 되지 않는 보통 사원이나 그 이하의 사원'이라는 꼬리표가 붙을 것이다.

문제는 한번 붙은 꼬리표가 쉽게 떨어지지 않는다는 것이다. 입사 3~4년째에 붙어 버린 꼬리표는 그 회사에서 일하는 동안은 떼어 내기 어렵다. 대단한 성과를 내지 않는 한 꼬리표에 대한 평가는 크게 달라지지 않을 것이다. 당신이 지금 그런 곤란한 입장에 처해 있다면 당장 적극적인 변화에 도전해야 한다.

변화란 다름 아닌 실적과 성과다. 인사 평가에서도 개개인의 평가 결과가 정반대로 나오는 경우는 거의 없기 때문에 평가자가 많더라도 대부분 엇비슷한 평가를 내리게 된다.

정확한 평가는 퇴직하는 순간 수면 위로 오른다. 이유야 여러 가지겠지만 회사 내에서 자신이 설자리가 없다고 느낄 때 대부분의 사람들이 퇴사를 결심한다. 그러나 30대 사원이라면 이야기가 다르다. 겉으로는 개인 사정이라고 말하지만 결국 해고나 진배없는 경우가 대부분이다. 스카우트 혹은 독립을 결정한 것이 아니라면 30대의 퇴직은 자신에게 아무런 도움도 되지 않는다.

회사를 떠날 때 적어도 '저 사람이 그만두면 곤란해.'라는 평가를 받는다면 분명 보통 이상의 성과를 보여 준 사람이다. 반면 '있든 없든 상관없다.'라고 한다면 보통 사원 이하다. 그런데도 '내가 없으면 회사가 곤란해질 게 분명해.'라고 자부한다면 이는 단순한 착각이다. 심지어 '없는 편이 더 낫다.'라는 평을 받고 있다면? 그것은 이미 논할 가치도 없다.

구조 조정의 대상에 오르는 수준이라면 독립을 한들 잘될 리 없다. 사무실을 낸 지 얼마 되지 않아 행방이 묘연하거나 다시 샐러리맨 생활로 돌아가 연봉이 반감되었다고 한탄하는 사람도 많다. 그만둘 때까지 회사에서 계속 잡으려고 한다면 그 사람은 독립해도 반드시 성공한다. 사직서를 냈을 때 회사에서 아쉬워할 만큼 열심히 일하는 것이 회사에서 인정받고 살아남는 최선의 방법이다.

종신고용제는 옛말이다. 앞으로 회사를 떠나는 세대도 젊어질 것이다. 방법은 하나뿐이다. 스스로 힘을 길러 성과를 올리고 젊은 나이에 많은 급여를 받을 수 있도록 노력해야 한다.

취업·인사포털 인크루트는 리서치 전문기관 엠브레인과 함께 직장인 1,372명을 대상으로 '직장에 대한 충성도(royalty)는 몇 점입니까?'라는 설문조사를 진행한 결과 10점 만점에 평균 6.4점인 것으로 조사됐다.

특히 젊은 직장인일수록 회사에 대한 충성도가 낮게 나타났다. 20대만 5.8점으로 유일하게 전체 평균을 밑돌았고, 30대 6.5점,

40대 6.9점, 50대 이상 7.0점 순으로 연령이 늘어날수록 회사에 대한 충성도도 증가되는 모습을 보였다.

직급이나 경력에 따라서도 거의 동일한 경향을 보였다. '사원'(5.9점)과 '부장 이상'(7.2점), 또 직장 경력 '3년 미만'(6.0점)과 '10년 이상'(7.1점) 등 사회 초년생들일수록 조직에 대한 충성도가 낮은 수준을 가리켰다.

직장인들은 충성도를 높이는 수단으로 '만족스러운 임금 수준'(37.4%)과 '관리자나 임원이 자신에게 주는 믿음'(19.6%), '기업의 성장이나 비전에 대한 확신'(19.5%), '화목한 조직 분위기나 문화'(10.1%) 순으로 응답했다.

자신을 프레젠테이션하라

사원에 대한 상사들의 평가는 크게 다르지 않다. 다섯 명의 평가자가 S씨를 평가할 경우, 어떤 평가자는 A로, 다른 평가자는 D로 평가하는 식의 경우는 없다. 개인적인 감정이 섞이지 않는 한 A나 B 정도의 차이가 있을 뿐이다.

회사는 사원 한 사람의 업무 태도를 유심히 관찰하면서 어떤 의식과 인생관으로 업무에 임하는지 세세히 살핀다. "저는 이 정도의 성과를 올리고 있습니다."라며 지나치게 실적을 드러내는 것은 오히려 자신의 이미지만 해칠 수 있다. "당신(상사)은 보는 눈이 없으니, 확실하게 평가해 주세요.”라는 메시지를 보내는 것과 같기 때문이다.

묵묵히 자기 일에 최선을 다하는 편이 훨씬 더 인간적이다. ‘저는 이런 사람입니다.’, ‘저는 이런 성과를 올리고 있습니다.’라는 식의 말만 앞선 강한 과시욕은 조직에서는 환영받지 못한다. 자기 성과를 지나치게 강조하는 사람은 주변 사람들에게 반감을 주기 때문에 일을 아무리 잘해도 리더가 되기 어렵다.

회사라는 조직은 인간의 성(城)이다. 다양한 사고방식과 감정을 가진 사람들이 모여 있는 단체이므로 제각기 다른 심리적인 갈등도 생기기 마련이다.

그렇다고 가만히 있는 것도 어리석다. 어떤 일이든 행동으로써 가치를 드러내는 것이야말로 가장 확실하게 자신을 어필하는 방법이다. ‘구체적인 행동’은 비즈니스를 성립시키는 데 매우 중요한 요소다. 입으로 아무리 그럴싸하게 말해도 구체적인 성과로 이어지지 않는다면 그에 대한 평가는 제로 혹은 마이너스가 된다.

그러므로 비즈니스맨은 구체적으로 행동해야 한다. 당신은 자신만의 프레젠테이션이 준비되어 있는가? 구체적인 행동 방식과 성과야말로 당신을 성공으로 이끄는 최고의 프레젠테이션이다. 회사가 기꺼이 “당신 없이는 곤란해.” 하고 먼저 손을 내미는 인재가 되는 것이야말로 샐러리맨 인생의 진수가 아니겠는가.

직장 생활에서 가장 필요한 능력은 무엇일까?

직장인 10명 가운데 4명은 '탁월한 업무 능력'을 선택했다.

인적자원개발(HRD) 전문기업 캠퍼스21(대표 조성주)은 직장인 806명을 대상으로 온라인 설문조사를 실시한 결과 성공적인 직장 생활을 위해 필요한 능력으로 38.5%가 '탁월한 업무 능력'을 꼽았다고 밝혔다.

성공적인 직장 생활을 위해 필요한 능력

① 탁월한 업무 능력

② 원만한 인간관계

③ 성실한 자세

④ 호감형 외모

⑤ 바른 예절

㈜캠퍼스21의 조성주 대표는 "인재상을 구성하는 역량들의 기준이 기업마다 다르고 개인별 판단 기준이 다르다."라며 "성공하기 위해서 자기계발을 하려면 정확하고 객관화된 역량 진단이 필요하다."라고 덧붙였다. 최근 전문가나 프로그램을 통해 자신의 역량을 진단, 객관적인 데이터를 바탕으로 맞춤형 컨설팅을 제공받는 사례가 늘고 있다.

다음 항목을 체크해 보자.

- ☐ 지금 하고 있는 일이 즐겁지 않다.
- ☐ 본심은 단지 월급을 받기 위해서 일하고 있다.
- ☐ 그럭저럭 대충 일하면 구조 조정 당할 일은 없다고 생각한다.
- ☐ '비용' 같은 것은 의식한 적이 없다.
- ☐ 열심히 했다면 성과가 나오지 않아도 어쩔 수 없다.
- ☐ 목표가 있어도 '꼭 달성해야지' 하는 의욕이 생기지 않는다.
- ☐ 지금의 업무에서 도망치고 싶다.
- ☐ 남들 앞에서는 열심히 일하지만, 남이 보지 않는 곳에서는 게으름을 피우고 싶다.
- ☐ 고지를 눈앞에 두고 딱 한 걸음이 나가지 않는다.
- ☐ 누군가에게 부탁하고 싶은 마음이 강한 편이다.
- ☐ '할 수 없는 이유나 변명'을 생각하는 경우가 많다.
- ☐ 일에 있어서는 최선을 다했던 순간이 없다.
- ☐ 언젠가는 누군가가 도와줄 것이라고 생각한다.

9개 이상: 보통 이하의 사원

4~9개 : 보통 사원

0~3개 : 프로페셔널한 인재 사원

직장이 전부다

02

프로페셔널의 성공 비밀
— 크리에이티브

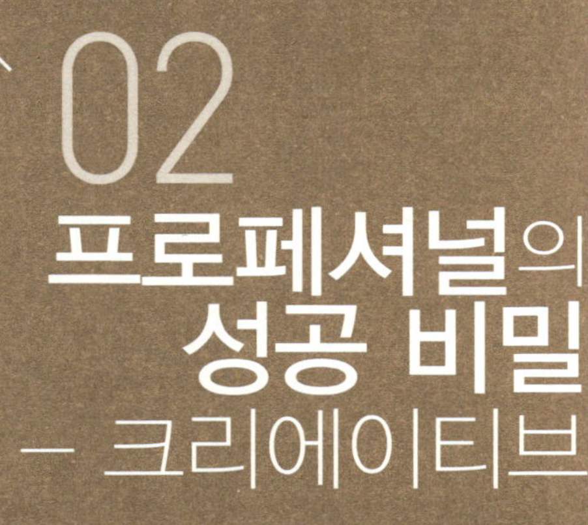

“운은 하늘에게 맡긴다.”라는 말이 있는데 별다른 노력 없이
운을 하늘에 맡긴들 하늘이 자기편이 되어 줄 리 없다. 하늘은
우리를 정확히 지켜보고 있다. 운을 하늘에 맡길 때는 “내가
해야 할 일은 충분히 했다.”라는 전제조건이 붙는다.

프로페셔널의 성공 비밀 – 크리에이티브

당신에게는 어떤 꿈이 있는가

꿈을 갖고 최선을 다해서 일할 수 있는 것, 그 이상의 행복은 없을 것이다. 그 행복을 지탱하는 힘은 믿음이다. 어떠한 어려운 상황에서도 자신과 미래에 대한 믿음만 있으면 반드시 길은 열린다. 물론 극한 상황에서는 자신도 모르게 도망치고 싶고, 약한 마음과 타협하고 싶어진다. 그런 상황이 반복되어서는 어떤 일도 해낼 수 없다. 꿈과 명확한 목표가 있다면 생각과 행동 모두 구체적으로 성장한다. '이것도 아닌데, 저것도 아닌데.' 하고 망설이는 일 또한 사라질 것이다.

30대는 이유를 불문하고 일을 하지 않으면 안 되는 시기다. 체력과 기력이 충만한 30대에 아무런 성과도 낼 수 없는 사람이라면 40대가 되어도 비전은 없다.

성공한 사람들은 하나같이 꿈은 이루어진다고 말한다. 반면 성공하지 못한 사람들은 꿈과 현실은 다르다고 한다. 둘 다 일리 있는 말이지만 근본적인 차이가 있다. 성공한 사람들은 목표하는 그 순간까지 끝없이 도전하지만 성공하지 못한 사람들은 중도에 포기하고 만다.

아무리 원대한 꿈을 가졌다 해도 생각에 그쳐서는 그저 꿈에 지나지 않을 뿐이다. 따라서 꿈을 현실로 이루기 위해서는 구체적인 인생 시나리오를 쓰고 어떠한 고난이 있더라도 꿈을 이루겠다는 강한 의지가 필요하다. 노력 없이는 꿈도 이룰 수 없다. 보통 사람은 이 명백한 진리를 너무 쉽게 여긴다.

'세상이 인정할 큰일을 하자.'라는 거창한 꿈도 좋다. 자신의 생활수준을 올리고 싶다는 소박한 꿈도 상관없다. 소득을 3배로 올리고 싶다, 혹은 훌륭하고 멋진 집을 갖고 싶다, 고급 승용차를 타고 싶다, 별장을 갖고 싶다는 식의 현실적인 꿈이라도 좋다.

일을 하는 데 꿈이라는 정신적인 기둥이 생기면 도전하고 싶은 의욕이 생기고 일에 대한 의식 수준도 점점 올라간다. 꿈은 오늘의 목표를 어떻게 달성할 것인가에 대한 하나의 방법이다. 자신의 일과 관련된 목표를 한 가지씩 달성하다 보면 꿈을 이루는 정신력과 구체적인 노하우를 익히게 된다.

1/

2/

3/

4/

5/

전혀 없다? 그건 좀 곤란한데!

행운은 노력하는 사람에게 찾아온다

당신은 운이 좋은 편인가? 아니면 운이 없다고 생각하는가?

나는 운이 좋은 편이라고 생각한다. 개인적인 생각이지만, 운이란 그 사람의 노력에 비례해서 따라오는 것이라고 생각한다. 적어도 난 그렇게 단언할 수 있다. 스스로 '최선을 다했다'고 납득했을 때는 일의 성과도 따르게 되는데, 운이 있으면 생각지도 않게 주변에서 협력해 주고 예상 이상의 주문이 넘쳐 나기도 한다. 그럴 때 바로 '나는 운이 좋은걸!' 하고 느끼는 것이다.

땀 흘려 노력해서 일이 잘 돌아가면 '나는 운이 좋다'라고 생각하게 된다. 반대로 노력도 없이 일이 잘 풀리지 않으면 '나는 운이 없다'고 생각해 버리기 쉽다.

운이란 바로 그런 것이다. 운이란 자신이 부르는 것이다. 아무런 노력도 하지 않고 운이 따를 거라고 기대하는 것은 한마디로 뻔뻔한 심보다.

노력하면 운은 나의 편이다.

적어도 비즈니스에서의 운이란 그렇게 생각하지 않으면 납득이 되지 않는다. 꾸물꾸물 생각만 하고 있어서는 운이 따르지 않는다. '하자!'라고 마음먹고 구체적으로 행동할 때 비로소 운이 따르는 것이다. 적당히 시간만 때우자는 식이라면 가까이 오던 운도 달아나 버릴 것이다.

당신 자신이 자기를 칭찬하고 싶을 정도로 열심히 했을 때에는 무슨 일이든 순조롭게 잘 진행되었던 게 아닐까? 그럴 때 운이 내편이 되어 주었다고 느꼈던 게 아닐까?

"운은 하늘에게 맡긴다."라는 말이 있는데 별다른 노력 없이 운을 하늘에 맡긴들 하늘이 자기편이 되어 줄 리 없다.

하늘은 우리를 정확히 지켜보고 있다. 운을 하늘에 맡길 때는 "내가 해야 할 일은 충분히 했다."라는 전제조건이 붙는다.

꿈의 실현, 그 시작은 철저한 자기 몸매 관리에서부터!

복부는 점점 출렁거리고 옷의 치수는 점점 늘고, 끊임 없이 입으로 들어가는 간식, 업무 중 졸고 있는 모습들. 만약 이 기사를 읽은 당신이 직장인이라면 위의 모습에 절대 아니라고 말할 수 있을까?

최근 점점 직장인 비만자들이 늘어난다고 한다. 운동량이 부족해서 직장인들의 평균 몸무게는 높아지고 있다.

직장인 비만, 작은 변화로 탈출하자!

1) 업무 환경 변화

직장인들은 하루의 반 이상을 회사에서 업무를 본다. 만약 편안한 업무 환경이라면 책상과 주변 정리를 통해서 살짝 긴장감을 주자. 긴장감은 늘어지는 살을 막을 수 있는 가장 기초적인 다짐이다.

2) 가까운 거리는 걸어서

지하철을 타고 다니는 직장인이라면 바쁜 출근 시간은 제외하고 퇴근할 때만큼이라도 걷는 양을 늘려야 한다. 지름길이 아닌 조금 돌아가더라도 오늘 하루 동안 쌓인 피로를 워밍업으로 풀어 주어야 한다.

3) 간식은 저지방

점심 식사 후 업무를 보다 보면 4시쯤이 되면 가장 입이 출출해진다. 이때 기름진 음식이나 빵 대신 저지방으로 만들어진 우유나, 천연 곡물로 만들어진 과자를 통해서 요기만 하는 것이 좋다.

4) 회식을 낮에?

우리나라 회식 문화는 주로 퇴근 후에 이루어진다. 이것은 비만으로 가는 지름길이다. 술과 안주는 칼로리가 높아서 저녁에 섭취하면 쉽게 빠지지 않는 지방으로 남게 된다. 회식 문화를 바꿔서 점심시간에 동료들과의 친목을 다져 보면 어떨까?

5) 운동은 필수

지속적인 업무를 1시간 했다면 뭉쳐진 근육을 풀어 주는 간단한 스트레칭을 10분 정도 해 주는 것이 좋다. 또 퇴근 후에는 줄넘기나 걷기 운동이 필요하다.

결단을 내리면 운이 따라 온다

인생은 결단이다. 결단을 내림으로써 용기가 솟고 행운도 따른다.

회사에서 성과를 내지 못하고 있다면, 지금까지의 방법을 모두 버려라. 그렇지 않으면 지금 다니고 있는 회사에서 어떻게든 자기의 위치를 고수하고 싶어도 언젠가는 버림받게 된다. 그렇기 때문에 '나는 변한다!'라는 결단이 필요하다.

그러나 무슨 일에서든 결단을 내리지 못하는 우유부단한 사람은 빈둥거리며 편안하게 사는 방법을 쫓기 마련인데 이것은 나약한 선택이다. 어떤 의미에서 이것은 자신을 속이는 일이기도 하다. 이렇게 자신의 능력을 발휘하지도 못한 채 무슨 일이든 질질 끌며 살아가는 것은 자기 인생의 품위를 떨어뜨리는 것이나 마찬가지다.

비즈니스에서 정확한 판단력을 바탕으로 한 '결단력'은 반드시 필요하다. 결단하는 것만으로도 적극적인 정신과 행동력이 배 이상 증가한다는 사실을 잊어서는 안 된다.

① 결단을 내리면 '하자!'라는 마음이 들게 된다.

② 어느새 강한 마음이 자신을 지배한다.

③ 다소 부담이 되는 일이라도 도전할 수 있게 된다.

④ 행동 그 자체로 빛을 발하게 된다.

⑤ 운이 따른다.

'하기로 정했으면 반드시 한다.'라는 의식이야말로 강력한 힘의 원천이다. 아무리 능력이 뛰어나도 이러한 의식 없이 힘은 솟아나지 않는다. 결단을 내려야만 능력도 발휘된다.

그리고 결단을 내렸으면 즉시 실천에 옮겨야 한다. 시간을 두면 둘수록 의지도 점점 약해진다. 결단을 내렸어도 실행하지 않으면 결단을 내리지 않은 것이나 다름없는 것이다. 그렇게 되지 않기 위해서는 한번 결정된 사항은 이것저것 너무 깊이 생각하지 말아야 한다.

회사 내에서 평론가로 불리는 사람들은 그 나름대로 제안은 하지만, 결단력이 없기 때문에 시간만 축내고 탁상공론에 그치기 쉽다. 다시 말해 비즈니스의 본질을 이해하지 못하고 '회사 경영은 평론 활동으로는 성립될 수 없다.'라는 초보적인 사실조차 잊고 있는 것이다.

이런 사람들이 당신 주변에 많다면, 유감스럽지만 당신 회사의 장래성은 없다고 해도 틀린 말이 아니다. 그렇다면 이제 당신이 선두에 서야 할 때다.

만약 당신이 평론가적인 입장에 있다면 당장 그 상황에서 의식적으로 벗어나기 위해 애써야 한다.

항상 '할 수 있다'는 도전 의식을 가져라

능력이 부족한 사람일수록 모든 일을 '할 수 있다.' 혹은 '할 수 없다.' 라는 발상에서 출발한다.

또한 그런 의식에 사로잡혀 도전할 생각조차 잃어버린다. 당연히 성과도 나오지 않기 때문에 자신감마저 상실하게 된다.

그러고 나서는 자신의 행동을 정당화하기 위해 변명을 생각하게 되고, 자기합리화나 책임 전가를 시작하려고 한다. 그렇게 점점 쓸모없는 사람이 되어 간다.

한편 가능성 있는 사람은 '할까, 하지 말까?'라는 발상을 한다. 당연한 일이겠지만 하지 않으면 구조 조정을 당하게 된다. 그래서 '할 수밖에 없다'라고 최악의 사태를 각오하고 결심한다. 그리고 자신의 의식을 북돋아 주고 스스로 격려하여 적극적인 행동으로 인도한다.

그 배경에는 "내가 하지 않으면 안 돼."라는 책임감이나 자신의 사고 방식 그 자체에 대한 긍정적인 도전 자세가 있는 것이다. 아니면 "일이든 인생이든 충실하게 하고 싶다."라는 정열적인 생각이 있을지도 모른다.

나 자신도 '할 수 있어, 할 수 없어.'라는 의식으로는 아무것도 순조롭게 진행되지 않는다는 것을 알았을 때 나 자신이 한층 성숙해졌다는 느낌을 받았다. 물론 나 역시 '할까, 하지 말까?'라는 갈등을 떨치지 못해 늘 나 자신과 싸우고 있다.

이것은 결코 고통스러운 일이 아니다. 오히려 점점 용기가 솟아나서 일이 즐거워진다. 신기하게도 이제까지의 나로서는 도저히 생각해 낼 수 없었던 지혜가 나오는 것이다. 어떨 때는 똑똑하고 현명하게 되었다는 착각에 빠지기도 한다.

성과는 따라오는 것이다

'할 수 있다 혹은 할 수 없다.'라는 발상의 시작은 두려움 때문이다. '잘 되지 않으면 어떡하지?' '책임을 물으면 어떡하지?'라는 소심한 생각에 사로잡혀 있는 것이다.

결과 그 자체만을 추구한다고 해서 비즈니스가 잘 되는 것은 아니다. 명확한 시나리오를 쓰고 그 단계를 하나하나씩 확실하게 밟아야 결과도 따르는 것이다.

결과를 두려워해서는 안 된다. 결과는 당신의 행동에 달려 있다. 결과가 나오지 않는 것은 어딘가에 반드시 문제점이 있기 때문이다. 문제점이 있다면 그것을 해결하기만 하면 된다. 어려울 것이 없다.

이것이야말로 사람의 능력을 향상시키는 방법이다. 바꿔 말해서 만족할 만한 결과를 내지 못하는 사람은 결과가 나오지 않는 일을 붙잡고 있는 것이다.

영업 사원의 경우에는 더욱 뚜렷해진다. 같은 상품을 다루면서 가능성 있는 사람은 가능성 없는 사람의 10배 정도를 당연하다는 듯이 판다.

» 긍정적으로 생각하는 훈련을 하자.

• 자신이 없다. →	• 자신이 있다.
• 어렵다. →	• 도전해 본다.
• 더 이상 안 된다. →	• 아직 기회는 있다.
• 실패할지도 모른다. →	• 틀림없이 성공한다.
• 이제 이것밖에 없다. →	• 아직 이것이 있다.
• 제가 합니까? →	• 제가 하겠습니다.
• 힘들 것 같다. →	• 재미있을 것 같다.
• 귀찮다. →	• 새로운 발견을 할지도 모른다.

발상의 전환이 '가능성 없는 사람'을 '가능성 있는 사람'으로 변화시킨다.

왜냐하면 우수한 사람은 문제점이 나오면 그것을 자신의 문제로 받아들이고, 책임이 자신에게 있다고 생각하기 때문이다.

그런데 아무리 시간이 지나도 발전하지 못하는 사람이 있다. 이런 부류의 사람은 대개 "상품이 나쁘기 때문에 팔리지 않는다.", "담당 지역이 나쁘기 때문에 팔리지 않는다.", "경쟁 상대가 강력하기 때문에 팔리지 않는다." 등의 변명을 늘어놓는다.

하지만 그러기에 앞서 자신이 얼마만큼의 일을 해 왔는지를 돌아봐야 한다. 즉, 팔리지 않은 원인은 자기 자신에게 있으며, 그만큼 자기 자신의 상품력이 약하다는 것이다. 이 점을 확실하게 인식해야 한다.

성과가 나오지 않는 사람은 도전 의식이 약하고, '할 수 있다 혹은 할 수 없다.'라는 발상에서 벗어나지 못한다. 지금 이 순간부터 "할 수밖에 없다!"라고 결심하라. 그렇게 해야만 닫혀 있던 생각이 열릴 것이다.

'하자!'라고 결심한 순간 지혜가 생긴다

용기가 없는 사람은 비즈니스에서 성공하지 못한다.

조직이 결단을 요구했을 때 우유부단하다면 용기 없는 사람으로 간주될 것이다. 결단을 내리지 못한다면 변명의 여지가 없다.

기본적으로 용기가 없는 사람은 '하려고 생각은 하고 있는데……' 정도의 의식 수준에서 벗어나지 못하여 자신의 나약함 속으로 숨어 버린다. 스스로의 능력을 믿고 도전하려는 마음을 무의식중에 거부하는 것이다.

당연한 일이겠지만 이런 상태에서 아이디어는 나오지 않는다. 당연히 비즈니스에서의 전략은 생각할 수 없기 때문에 '아이디어 없는 인간'이 되어 버린다. 또 일이 진행되지 않는데도 문제점을 파악하기 위해 노력하거나 문제에 대한 고민조차 하지 않는다.

비즈니스란 어떤 면에서는 아이디어 승부다. 지식은 있어도 아이디어가 없는 사람은 부가가치가 높은 일을 할 수 없다. 결국 보통 이상의 일을 해내는 인재가 아니라는 것이다. 때문에 어느 시대라도 비즈니스에서 요구되는 것은 지혜를 창출하는 힘과 행동력이다.

지혜롭지 못한 사람이 성공하지 못하는 것은 비즈니스 사회의 현실이다. 그래서 필요한 것이 용기다. 용기를 내서 분발한다면 아이디어는 언제고 나오게 마련이다. 그래야 목표를 갖고 구체적으로 행동하려는 의식도 생겨난다.

머릿속에서 생각하고 있어도 시작되지 않는 것이 인생이다.

자신만의 스타일을 만들어라

정해진 시간 내에 정해진 일만을 의무적으로 하려고 하면 일의 재미를 느끼지 못한다. 또 스스로 노력하고 일을 즐기지 못하면 괜찮은 업무도 맡을 수 없다. 그래서 일을 즐기고 있는 사람은 분명한 자신만의 스타일을 가지고 있다.

자신의 스타일을 갖기 위해서는 '보다 빨리, 보다 정확하게, 보다 효율적으로, 보다 저렴하게'라는 4가지 요소를 철저하게 지킬 필요가 있다.

1. '보다 빨리 하자'라고 생각하면 행동력이 나온다.
2. '보다 정확하게 하자'라고 생각하면 집중력이 나온다.
3. '보다 효율적으로 하자'라고 생각하면 창조력이 나온다.
4. '보다 저렴하게 하자'라고 생각하면 비용의식이 나온다.

이 네 가지 의식만 확실하다면 업무 스타일을 변화시키는 것은 시간 문제다.

그리고 변화된 스타일에 완전히 익숙해지면 시간도 효율적으로 사용할 수 있어 상승효과도 얻을 수 있다. 즉 구체적인 성과를 이루는 사원이 되는 것이다.

프로페셔널한 사람에게 이 정도는 당연한 일이다. 그만큼 업무의 본질을 이해하고 행동하는 것이다. 일의 본질을 제대로 이해하고 있다면 적중률 또한 백발백중이다. 그만큼 '무리, 시간 낭비, 실수'도 줄어드는 것이다.

하지만 초점이 늘 빗나가는 사람이라면 업무에서 전혀 흥미를 느끼지 못한다. 피곤하다, 자신이 없다, 쉬고 싶다는 식의 악순환만 되풀이될 뿐이다. 심지어 단순한 업무에 길들여져 자신의 능력을 잃어버리는 사람도 있다. '나에게는 왜 그런 일들만 맡겨지는 걸까?'라는 의문을 갖기보다는 '좀 더 제대로 된 일은 없을까?'라는 푸념만 하는 사람들이다. 그러나 실제로 일을 시켜 보면 신입사원 수준의 업무조차 제대로 처리하지 못하는 경우도 종종 있다.

언제나 주어진 업무에만 충실하지 스스로 적극적인 자세를 가지고 일한 적은 없기 때문이다. 스스로 생각하는 힘이 없이는 아이디어도 나오지 않는다. 어떤 일이든 책임감을 가지고 끝까지 달성하지 못하는 사람은 아무리 불평불만을 털어놓아도 아무도 상대해 주지 않으며, 동정조차 받지 못한다.

어떠한 사소한 일이라도 그것을 달성했을 때의 기쁨은 이루 말할 수 없다. 단순한 업무 때문에 의욕이 생기지 않는다고 말하는 것은 어리광일 뿐이다. 모든 업무는 단순한 일이 모인 하나의 집합체이다. 그것을 이해하지 못하면 아무리 시간이 흘러도 자신의 한계에 도전할 수 없다.

세상에는 '일류'라고 불리는 사람들이 많다. 야구, 축구, 골프, 경마, 경륜, 음악, 미술 등 각 분야에서 인정받는 사람들은 모두 단조로운 일들을 반복하다가 한계에 도달한 후에야 비로소 그렇게 불릴 만한 역량을 갖출 수 있었던 것이다.

단조로운 일을 하는 괴로움과 중요함을 피부로 느끼고, 시행착오를 통해 열심히 노력해야만 사람들의 찬사를 한 몸에 받을 수 있다.

결론은 간단하다.

모든 일에 적극적으로 임하는 사람만이 힘을 얻을 수 있으며 아이디어도 키울 수 있다. 자신의 부족한 점을 깨닫고 그것을 최대한 빨리 개선하는 것만이 최선의 방법이다.

혹시 나도 조급증?

한 조사에 따르면, 직장인 10명 중 8명은 매사 '조급증'에 시달리고 있는 것으로 나타났다.

▶조급증을 앓고 있다고 생각하는 이유

1) 모든 일을 빨리빨리 처리하지 않으면 불안하기 때문(55.1%)

2) 일을 하다 보면 다른 일이 생각나 집중할 수 없다.(46.0%)

3) 항상 시간에 쫓겨 산다.(40.4%)

4) 이유 없이 불안하다.(33.3%)

5) 무엇인가 기다릴 일이 있으면 혼자서 안절부절못한다.(31.7%)

6) 다른 사람의 말을 중간에 잘 끊는다.(27.4%)

등의 순

▶조급증 길들이기

1) '빨리빨리'란 말을 삼간다.

2) 규칙적인 가벼운 운동을 통해 긴장을 완화한다.

3) 하루 30분 명상을 통해 마음을 가라앉힌다.

03

프로페셔널의 성공 비밀

— 기획력

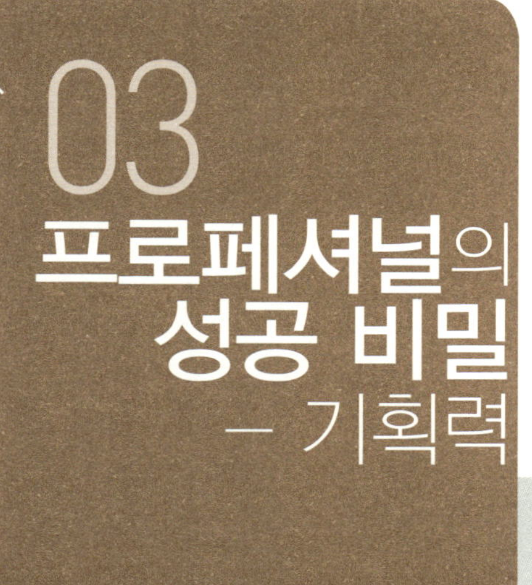

비즈니스맨으로서 두각을 나타내기 위해서는 정해진 시간 내에 어떻게 성과를 낼 것인가가 중요하며, '자신의 행동에 자신감을 가질 수 있는 리듬'과 '시간의 활용 방법'에 대해 생각해야 한다.

 프로페셔널의 성공 비밀 – 기획력

업무 순서와 방법을 시뮬레이션하라

일정 수준 이상의 업무를 하기 위해서는 나름의 요령이 필요하다.

당신은 업무의 순서나 방법을 머릿속에 그려 가며 일하고 있는가? "퇴근 시간과 함께 업무도 끝난다."라는 식으로 계획 없이 일하고 있지는 않은가?

만약 그렇다면 매우 비효율적으로 일하고 있음은 물론이고 실수도 빈번할 것이다. 이런 사람은 자신이 어떤 수준의 일을 해야 하는지 전혀 이해하지 못할 뿐만 아니라 명확한 목표도 없기 때문에 업무 성과를 기대하기 어렵다. '될 대로 되라.'는 식의 자세로 성공하는 비즈니스는 없다. 무슨 일이든 성공하기 위해서는 진행에 관한 명확한 시나리오가 필요하기 때문이다.

비즈니스는 상대가 있어야 비로소 성립된다. 상대에게 플러스적인 면을 보여 주려는 생각으로 시뮬레이션을 기획하는 것이 중요하다.

시뮬레이션, 목표를 고려하라

① 어떤 '순서'로, 어떤 '방법'으로 구성할 것인가?
② 그 과정에서 어떤 '문제점'이 발생할 것인가?
③ 그 '해결책'은 있는가?

최소한 이 정도는 생각하고 시나리오를 작성할 필요가 있다. '그런 건 당연한 일이다.'라고 자신 있게 말할 수 있다면 중요한 업무도 충분히 처리할 수 있다. 그런데 현실적으로는 이 정도 수준의 일이 불가능한 사원들도 많다. 적당주의나 성과가 부족한 사원이라면 당장이라도 업무 스타일을 바꾸는 변화가 필요하다.

시간을 유용하게 활용하는 방법을 모색하라

근무시간은 제대로 사용해야 한다. 회사는 적어도 근무 중의 시간 낭비를 절대 용납하지 않는다. 시간 낭비가 많으면 많을수록 효율성이 떨어지기 때문에 회사 입장은 단호하다.

그러나 회사에 오랜 시간 남아 있다고 해서 업무 효율이 오르는 것은 아니다. 물론 회사에 오랫동안 있으면 왠지 일을 했다는 기분이 들기도 한다. 그래서 원래는 근무시간 내에 충분히 할 수 있는 일을 가지고 야

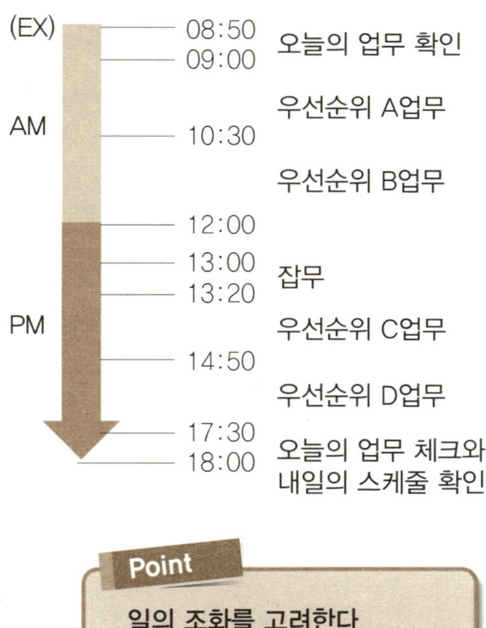

근하면서도 의문조차 갖지 않는다. 야근은 당연한 일이라고 착각하는 것이다. 요컨대 시간만큼은 오랫동안 투자한다고 해서 실속 있는 것은 아니다.

앞으로의 시대를 살아가기 위해서는 한정된 시간을 효율적으로 사용하고 구체적인 성과를 확실하게 낼 수 있는 자기 관리 능력이 꼭 필요하다. 그렇기 때문에 업무 시뮬레이션이 더욱 절실하다.

업무 내용에 따라 다르겠지만, 업무 효율이 가장 오를 때는 오전이다. 따라서 중요한 업무는 머리가 말끔하고 피곤하지 않은 오전 중에 처리하는 것이 가장 좋다. 그리고 오후에는 협의, 거래처 방문, 자료 조사 등을 하면 된다.

비즈니스맨으로서 두각을 나타내기 위해서는 이 정해진 시간 내에 어떻게 성과를 낼 것인가가 중요하며, '자신의 행동에 자신감을 가질 수 있는 리듬'과 '시간의 활용 방법'에 대해 생각해야 한다.

시간을 분산시켜 효율적인 업무 스케줄을 계획하라

당신은 어떤 순서로 일을 하고 있을까? 여기에서 체크해 보자. 우선은 일일 단위로 업무의 흐름을 생각해 본다. 대략적인 스케줄은 머릿속에 담겨 있지만 중요한 것은 우선순위를 생각하여 스케줄을 짜는 일이다.

일을 하다 보면 어떻게든 자기 스케줄대로 업무를 하려고 해도 업무가 갑자기 밀려들 때가 있다. 급한 회의가 소집되기도 하고, 문제가 발생하기도 한다.

이때 "오늘은 ○○가 있어서, △△업무를 할 수 없었습니다."라고 말해서는 곤란하다. 예상치 못한 사태가 발생한다 해도 최소한의 업무는 절대 뒤로 미뤄서는 안 된다.

우선순위를 지키기 위해서는 시간을 분산시켜야 한다. 우선순위에 따라 전체 업무에 무리가 없도록 배려하며 업무를 수행해야 한다. 그렇게 할 수 있는 사람이 우수한 비즈니스맨이다.

습관적으로 야근하는 사람은 업무 방법과 순서에 대한 개선이 필요하다. '야근까지 하며 노력하고 있으니 인정을 받아야 마땅하다.'라는 것은 분명 무언가 잘못되었다.

회사에 필요한 인재는 규정된 근무시간 내에 수준 높은 업무를 확실하게 처리하는 사람이다. 야근을 하지 않고서는 도저히 업무 처리가 불가능하다면 문제가 있다고 평가받아도 어쩔 수 없다.

한정된 시간을 알차게 활용하기 위해서는 철저한 시간 관리만이 살길이다.

지금 하고 있던 일을 정리해 보라

지금 하고 있는 일을 다시 한 번 정리해 보자. 아마도 상당히 많은 일을 하고 있다는 사실을 알게 될 것이다. 같은 일도 꼼꼼히 나누어 보면 '시간 낭비가 너무 많다.'거나 '순조롭게 진행되지 않는다.'는 등의 문제점을 발견하게 된다.

예를 들어 다음과 같은 5가지의 업무 요소가 있다고 한다면, 순서는 대략 다음과 같을 것이다.

① 전화로 약속을 정한다.

② 보고서를 작성한다.

③ 거래처와 절충한다.

④ 서류를 체크하거나 정리한다.

⑤ 잡다한 업무를 수행한다.

먼저 업무의 질이나 급한 정도에 따라 우선순위를 정한다. 예를 들어 거래처와 약속을 정해야 그날의 일정을 잡을 수 있다면 아침 일찍 잡는 것이 좋다. 또 기획서나 보고서 등의 서류를 결재 받으려면 가능한 한 빨리 제출하도록 한다. 아침 시간에는 대부분의 상사가 자리를 지키기 때문이다. 서류 정리나 잡다한 업무는 빈 시간을 이용해 일괄적으로 처리한다.

업무에서 최적의 순서를 고려하지 않으면 무리하게 일을 진행하거나 시간 낭비와 실수를 반복하기 쉽다. 그리고 일상 업무에서는 회사의 경영 방침이나 계획에 따른 흐름 속에서 자신이 어떤 일을 어떤 방법과 순서로 하면 좋을지 항상 의식해야 한다.

업무의 종류에 따라 다르기는 하지만, 단순한 흐름에 따라 해야 하는 업무 이외에는 자신의 노력 여하에 따라 지금 투자하는 절반의 시간만으로도 충분히 해낼 수 있다. 불가능하다고 반론을 제기할 수도 있겠지만 업무를 정리하고 흐름을 개선한다면 충분히 가능한 일이다.

결국 일의 순서나 방법을 정확히 파악하여 신속하게 업무를 처리하는

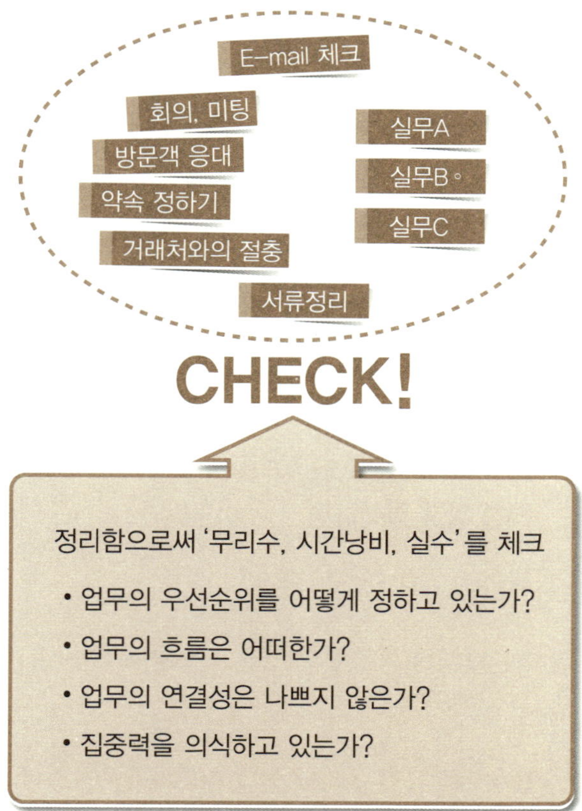

습관을 들이면 집중력도 높아지게 된다. 이것은 부서에 관계없이 마찬가지다.

가능성 있는 사원은 어느 부서로 이동해도 반드시 성과를 거둔다. 업무의 효율적인 순환 사이클을 만드는 요령을 알고 있기 때문이다. 연구직이나 전문직이라면 예외도 있겠지만 대부분 그런 경향이 강하다.

일의 순서를 잡고 집중력을 발휘할 때 '시간=비용'이라는 기본 마인드를 잊어서는 안 된다. 정해진 시간 내에 어려운 업무를 완수하여 부가가치를 창출하는 사원은 야근을 하는 경우도 거의 없다. 당연히 스트레스도 덜 할 뿐더러 회사에서도 점차 높은 평가를 받게 된다.

아무리 야근을 하고 열심히 일했다고 주장해도 정해진 시간 내에 성과를 확실하게 낼 수 없다면 좋은 평을 들을 리 없다. 임기응변식의 업무 처리는 비즈니스맨의 미래에 아무 도움도 되지 않는다.

책상 위를 정리하면
일하고 싶은 의욕이 생긴다

책상이 잘 정돈되어 있지 않은 사람은 십중팔구 일을 두서없이 하거나 실수가 많다.

이 나쁜 습관을 개선하지 못하면 절대 리더가 될 수 없다. 책상 위가 어지러운 사람은 일처리도 산만하기 때문이다.

복장이 불량하거나 심지어 수염도 깎지 않은 채 출근하는 사람도 있다. 이런 사람은 비즈니스맨으로서의 기본적인 자세도 갖추어지지 않은 사람이다. 주문서가 책상 위에 널려 있어 수령서를 찾지 못하는 경우도 있다. 그런 사람의 책상 위는 늘 뒤죽박죽이어서 동료의 책상까지 어지럽히는 경우가 많고 상사에게 주의를 받으면 그럴싸하게 이야기를 얼버

무린다. 출장 경비 정산마저 한 달 이상 밀려서 경리과 직원으로부터 재촉을 받아야 처리하는 것이다. 어떤 일이라도 뒤로 미루는 경우가 많아 그만큼 시간 낭비를 하고 있는 것이다.

지저분한 책상은 그 사람의 인간성 자체를 대변해 준다. 신입 사원이라면 어쩔 수 없는 사람이라고 웃고 넘기겠지만 리더의 입장이 되면 사정은 다르다.

일단 정리도 못하는 사람에게 책임 있는 임무는 맡겨지지 않는다. 언제나 큰 실수를 저지를 위험이 있기 때문이다.

주변 정리를 제대로 했을 때

① 정리함으로써 기분이 새로워진다.

② 정리함으로써 쓸데없는 일이나 문제점을 발견한다.

③ 정리함으로써 일의 이미지를 떠올리기 쉽게 된다.

④ 정리함으로써 하고자 하는 의욕이 생긴다.

책상 위를 정리하다 보면 자신의 일도 함께 정리할 수 있다. 일의 방법이 잘못되어 있거나 순서에 문제가 있는 것도 발견하게 된다. 효율적으로 일하고 싶다면 먼저 자신의 책상부터 정리해 보자.

지금 당장 해야 하는 것 이외에는 책상 위에 올리지 마라. 그러기 위

① ____
② ____
③ ____
④ ____
⑤ ____
⑥ ____
⑦ ____
⑧ ____
⑨ ____
⑩ ____
⑪ ____
⑫ ____
⑬ ____
⑭ ____
⑮ ____

해서는 항상 서류들을 파일별, 종류별로 정리해 두는 것이 좋다.

책상 정리 다음으로 넘어갈 곳은 당신의 가방 속이다. 자기가 하는 일을 머릿속에 그려보고 필요한 도구를 적어 보자. 가방 속을 보기만 해도 그 사원의 업무 수준을 알 수 있다. 심지어 일에 대한 의욕이 있는지 없는지조차 그 자리에서 판단할 수 있다.

나 역시 자신이 없어지거나 왠지 의욕이 생기지 않을 때는 가방 속부터 점검했고, 판매 자료가 부족하면 스스로 작성했다. 그렇게 하는 동안 신기하게도 좋은 아이디어가 나오거나 일에 대한 의욕도 다시 솟아나곤 했다. 거래처로 출발하기 전, 가방부터 제대로 정리하는 습관을 들이면 좋은 성과를 끌어내기 쉽다. 또 자신의 기분마저 새롭게 정돈할 수 있다.

정리하는 습관은 당신의 크고 작은 실수를 줄인다. 정리의 기술은 어떤 직업에서도 통하는 성공의 키워드다.

목표를 달성하려면 업무 진행 상황을 매일 체크하라

업무는 어떤 일에서도 엄격해야 한다.

일상 업무에서 동료 때문에 자신의 시간을 방해받거나 어려움에 부딪히는 경우가 있다. 그러나 집중력을 요구하는 업무에서는 그런 상황은 사전에 막을 수 있어야 한다. 그 또한 비즈니스맨의 능력이다.

맞은편 자리의 동료와 수다를 떨면서 하는 일은 제대로 된 업무가 아니다. 그런 사람은 단순한 업무밖에 할 수 없기 때문에 발전이 없다. 다시 말하면, 업무의 수준이 낮기 때문에 긴장감이 사라지고 당연히 끝냈어야 할 일도 뒤로 미루게 되는 것이다.

만약 당신이 그런 지경이라면 회사가 당신에게 아무런 기대도 하지 않는다고 생각하는 편이 낫다. 자신이 앞으로 미래에 리더적인 존재가 될 수 없다는 사실도 인정해야 할 것이다.

따라서 업무의 질을 높이기 위해서는 진척 상황을 항상 확인해야 한다. 그러기 위해서 목표와 계획이 필요한 것이다. 이때 계획과 시간 관리는 절대로 떼어놓고 생각할 수 없다. 항상 계획에 대한 분석을 게을리하지 않아야 비로소 목표를 달성할 수 있다.

목표도 세분화해야 한다. 월간 목표에 대해 첫 주는 어느 정도 달성되었는가, 일별로 나누면 어디까지 처리하면 되는지 꼼꼼하게 체크할 필요가 있다. 이 작업을 게을리하면 실수도 많아진다. 부서별 목표 역시 관리를 소홀히 하게 되면 직원 개개인 역시 게을러지기 때문에 매월 목표를 달성하기 어렵다.

월간 목표를 달성하려면 기본적으로 1주일 단위로 진행 사항을 확인하는 것이 가장 좋다. 예정대로 업무가 진행되지 않아도 다음 주에 만회할 수 있도록 다시 계획을 세울 수 있기 때문이다.

이렇게 주 단위를 기본으로 하면 업무에 유연성을 갖추게 된다. 문제가 생겨도 해결하기 쉽고 만회를 위한 대책도 세울 수 있으며 목표 달성에도 가까워진다. 이 경향은 판매와 관계된 부서일수록 명확하게 나타난다.

'이번 달 안에만 하면 되지'라는 생각을 갖고 있다면, 월말이 다가올수록 마음만 조급해지고 여유도 없어진다. 그러다 보니 막판에 무리를 하기 때문에 업무의 수준까지 떨어지는 것이다.

(EX)

[월간 목표 수치 : 400]

 (1개월 4주 기준)

[주간 설정 수치 : 100]

	계획	실적	차이
화	20	18	−2
수	20	22	+2
목	20	15	−5
금	20	25	+5
토	20	15	−5
합계	100	95	−5

달성률 95%→ −5% 부분은 다음 주에 반드시 채울 것!

보통 사원 대부분은 실적이 목표에 전혀 미치지 못하기 때문에 '열심히 노력해도 소용없다.'고 쉽게 체념한다. 현실에서 도망치고 싶어지는 것이다. 이는 매일 지켜야 할 스케줄 확인을 소홀히 한 결과로 평균점 이하의 성과 때문에 도전 의욕마저 잃었기 때문이다.

하지만 치열한 경쟁에서 승리하기 위해서는 업무를 1분, 1초 단위로 쪼개어 관리하는 철저함이 요구된다.

1. 노력하지 않는 일상은 책임감이 없는 삶이다.

2. 한계에 도전할 때 일의 즐거움을 알 수 있으며, 스트레스를 이길 때 사람은 더욱 강해진다.

3. 비즈니스는 비용의 법칙으로 움직인다. 급여에 비해 자신이 얼마의 성과를 올리고 있는지 체크하라.

4. 반복되는 실수는 비용의 낭비다.

5. 좋은 점은 받아들이고 나쁜 점은 교훈으로 삼아 좋은 관계를 유지하라.

6. 혼자서는 일할 수 없다. 다른 사람의 마음을 움직이는 설득의 힘을 키워라.

7. 목표 달성을 위해 어떤 전략과 전술이 필요한지 먼저 생각하고 행동해야 한다.

8. 비즈니스에서 불가능은 없다. 불가능에 도전할 때 회사와 함께 당신도 성장한다.

9. 게으름은 자신의 마음을 속이는 행동이다.

10. 다른 사람이 보지 않은 곳에서 노력하는 사람은 반드시 성공한다.

11. 과거를 잊고 경험을 버리면 새로운 자신을 발견할 수 있다.

12. 나만의 힘을 무기로 삼아 나의 가치를 만들어라.

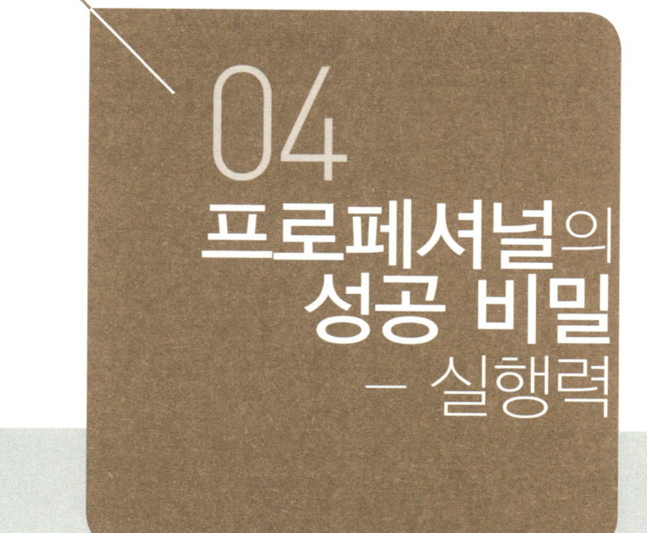

04
프로페셔널의 성공 비밀
— 실행력

"적당히 일하는 사람은 딱 한 걸음의 노력을 아낀다. 한 걸음
의 중요함을 이해하지 못하기 때문이다.
비즈니스에서 한 걸음의 노력으로 결과가 180도 달라지는 경
우는 흔히 찾을 수 있다."

04 프로페셔널의 성공 비밀 – 실행력

어중간하게 일해서는 목표를 달성할 수 없다

비즈니스는 도전의 연속이다. '도전'이라는 단어야말로 비즈니스맨의 인생을 좌우하는 키워드다. 직장인들의 행동을 유심히 살펴보면 그 이상도 이하도 아닌 보통 사람들이 대부분이다. 그 사람들에게서는 한 걸음 앞선 생각이나 의욕을 느낄 수 없다. 아직 젊은 나이임에도 '이 정도면 충분하다.'라는 생각으로 사는 사람들도 꽤 있어 보인다. 이들은 자신이 만들어 놓은 틀에 박힌 일상에서 쉽게 벗어나지 못한다.

이 정도의 의식 수준을 갖고 있는 사람이라면 목표를 끝까지 완수하겠다는 신념도 부족할 것이 분명하다.

실제로 영업 사원 중에는 늘 목표 수치의 90퍼센트는 하는데 한 번도 100퍼센트 달성은 하지 못하는 사람이 있다. 남은 10퍼센트를 채우지 못할 이유가 전혀 없는데도 그 벽을 결코 뛰어넘을 수가 없다는 것이다.

예를 들어 매출 목표가 3,000만 원이라 하고 2,990만 원의 매출을 올렸다고 하자.

① 목표는 나머지 10만 원이니까 달성한 것이나 마찬가지다.

② 어디까지나 10만 원 모자라니까 평가에서 감점을 받아야 한다.

당신은 어느 쪽의 생각을 갖고 있는가?

비즈니스 사회에서는 ②의 생각이 정답이다. "너무 심한 거 아니야? 고작 10만 원인데."라고 변명하는 것은 잘못된 생각이다. 오히려 "나머지 10만 원은 왜 달성할 수 없는 거야? 조금만 더 노력하면 될 텐데."라는 의혹의 눈길을 피하기 어려울 것이다. 겨우 10만 원의 차이로 목표를 달성할 수 없는 사람이라는 평가를 받는 것이 경쟁 사회의 이치다.

금액보다는 나머지 10만 원을 달성하려는 의식이 부족하다는 것이 문제다. 처음에는 아주 작은 차이였을지 몰라도 5년, 10년의 세월이 흐르고 나면 그 격차는 엄청나게 벌어진다. 성공해서 살아남느냐의 문제는 이런 작은 노력들에 얼마나 충실할 수 있느냐에 따라 결정된다고 해도 과언이 아니다.

단 1원이 부족해도 목표 미달은 분명한 미달이다. 비즈니스에서는 목표를 완전히 달성할 수 없다면 성과는 제로라고 생각해야 한다.

확실한 성과를 보여 주지 못하는 사람은 생각 자체도 어중간하다. 목표에 도전할 수 없는 것은 처음부터 '할 수 없다.'라는 의식이 마음 한구석에 있기 때문인데, 그것을 버리지 못하면 영원히 목표를 달성할 수 없다. 개성은 바꿀 수 없지만 능력은 바꿀 수 있다. 자신의 목표를 분명히 하고 노력한다면 반드시 길은 열린다. 그렇게 주어진 업무를 처리하다 보면 자신도 모르는 사이에 능력은 향상된다.

차이는 해를 거듭할수록 커진다. 1년 안에는 차이를 거의 느끼지 못하겠지만 10년이 지나고 나면 '아무리 해도 저 사람은 못 당한다.'라고 할 만큼 차이가 생긴다.

목표를 달성하려면
마지막 한 걸음이 중요하다

적당히 일하는 사람은 딱 한 걸음의 노력을 아낀다. 한 걸음의 중요함을 이해하지 못하기 때문이다.

"한 걸음만 더 노력했어도 성공할 수 있었을 텐데……"라는 사람이 있는 반면, "마지막 한 걸음의 노력이 성공 요인"이라고 말하는 사람도 있다. 비즈니스에서 한 걸음의 노력으로 결과가 180도 달라지는 경우는 흔히 찾을 수 있다.

열심히 노력해서 목표 지점까지 도달한다 해도 마지막 마무리가 흐트러지거나, 막바지 노력을 아낀 탓에 결국 전부가 무너진다면, 모처럼의 노력이 수포로 돌아갈지 모른다. 이것보다 안타까운 일은 없다. 어떤 일이든, 어떤 상황이든 끝까지 최선을 다하려고 노력한다면 앞으로 남은 한 걸음의 노력은 아낄 이유가 없다.

'노력'이라는 단어를 싫어하는 사람과는 함께 일하고 싶지 않을뿐더러 즐겁게 일하기도 어렵다. 특히 회사라는 조직에서는 혼자 힘으로 할 수 있는 일이 드물다. 그렇기 때문에 한 사람이라도 노력을 소홀히 하면 모두에게 폐를 끼치게 된다. 이 점을 이해할 수 없는 사람이라면 누구라도 함께 일하고 싶지 않을 것이다. 이왕 노력한다면 끝까지 남은 한 걸음까지 노력해야 한다.

산의 90퍼센트를 올라 정상을 코앞에 두고 돌아서는 마음은 너무 괴롭다. 대부분의 사람들은 거기서 돌아서지 않을 것이다. '정상에 꼭 오르고 싶다.'라는 마음이 앞으로 남은 고통의 벽을 뛰어넘게 해 주기 때문이다. 노력은 결코 배신하지 않는다.

아직도 야근을 하고 있다면 당장 그만둬라

당신은 지금 하고 싶은 것을 마음먹은 대로 실행하고 있는가? 자기가 하고 싶은 것을 하기 위한 시간을 충분히 만들고 있는가?

인생은 일이 전부가 아니다. 개인적인 시간도 필요하다. 따라서 매일 야근하고 토요일도 출근하고 혹은 집에 돌아와서까지 일을 하고 있다면 분명 개선이 필요하다. 그렇지 않으면 생활의 활력을 잃을 뿐 아니라 정신적으로도 편하게 쉴 수 없다. 잔업에 익숙한 사람일수록 그것을 당연하게 생각하기 쉽다. 정해진 시간 내에 끝날 일들까지도 습관적으로 늦게까지 남아서 일하게 되는 것이다. 오히려 "나는 이 정도로 열심히 일하고 있다."라고 스스로를 칭찬하고 있을지도 모를 일이다.

그러나 이것은 매우 위험한 생각이다. 먼저 근무시간 내에 끝낼 수 있도록 일의 우선순위를 정하고, 시간 관리를 해야만 한다. 실제로 같은 수준의 업무량을 시간 내에 끝내는 사람이 있는가 하면, 두 배의 시간을 들여도 마치지 못하는 사람이 있다.

두 사람의 차이는 어디에서 오는 것일까?

그것은 일을 어떤 방법으로 어떻게 시간을 나누어 처리할 것인지에 대한 구체적인 계획을 세울 수 있느냐 없느냐의 차이다. 우선순위도 정하지 않고 두서없이 일할 경우, 결과적으로 시간이 부족하기 때문에 밤늦게까지 일하게 되는 것이다. 업무의 효율성에 대해 고민하지 않기 때문에 문제점도 발견하지 못한다. 이처럼 비효율적인 순서로 아무런 의문조차 품지 않는 것은 비즈니스 자체에 대한 의식이 낮기 때문이다.

지금 당신이 하고 있는 업무를 시간 내에 마무리하는 것이 과연 불가능한 일인가?

주변 사람들은 당신을 노력 부족이라고 평가하지 않을까?

만약 할 수 없다고 생각한다면 스스로 의지가 부족하다는 사실을 인정해야만 한다.

가능성 있는 사원이라면 출근 전에 그날의 스케줄을 완벽하게 머리에 입력해 둔다. 따라서 출근과 동시에 바로 업무에 임할 수 있다. 결코 어제의 야구나 경마 이야기로 하루를 시작하는 일도 없다. 아침부터 분위기를 흐리는 말과 행동은 피하는 것이 예의라고 생각하기 때문이다.

직장인 10명 중 4명은 하루 근무시간 중 30분에서 1시간 정도 휴식을 취하는 것으로 나타났다.

다음은 채용 전문기업 코리아리크루트㈜(www.recruit.co.kr, 대표 이정주)가 최근 직장인 1,504명을 대상으로 '근무 중 쉬는 시간(하루 평균)'에 대해 설문 조사한 결과이다.

Q. 근무시간 중 얼마나 쉬나?

① 30분~1시간(38.2%)

② 1시간~1시간 30분(25.4%)

③ 30분 미만(18.2%)

④ 1시간 30분~2시간(8.6%)

⑤ 전혀 쉬지 않는다(3.1%)

Q. 쉬면서 주로 하는 것은?

① 웹사이트 서핑(34.9%)

② 흡연(21.6%)

③ 티타임(15.2%)

④ 동료들과의 수다(13.8%)

Q. 근무 중 별도의 휴식 시간이 업무 능률 향상에 도움이 되나?

① 매우 도움(35.4%)

② 도움(44.7%)

Q. 어느 직급이 가장 많이 쉬는가?

① 직급과 무관하다(33.8%)

② 임원급(26.6%)

③ 팀장급(13.4%)

④ 과장급(11.3%)

⑤ 사원급(9.7%)

⑥ 대리급(5.2%)'

코리아리크루트 이정주 대표는 "업무에 큰 지장을 초래하지 않는다면 적절한 휴식을 취하면서 스트레스를 해소하고 건강을 지키는 것이 업무 능률을 향상시키는 데 도움이 된다."라고 말했다.

집중력이 떨어지기 때문에 실수가 생긴다

하루의 스케줄을 정리하지 않고서는 집중력이 오르지 않는다. 그래서 꾸물거리며 느릿느릿 일하게 된다. 그런 동료들을 지켜보고 있자면 '무슨 생각으로 일하는 거야?'라고 묻고 싶을 정도다. 그렇게 집중력이 없어서는 엉뚱한 실수도 피할 길이 없다.

비즈니스에서 시간은 곧 돈이다. 이것을 제대로 이해하지 못하면 아무 거리낌 없이 시간을 낭비하게 된다. 능력 있는 사원은 집중력을 높이는 방법을 이미 체험을 통해 알고 있다. 더구나 적극적인 자세로 일하기 때문에 업무에서 부딪히는 크고 작은 문제도 어렵지 않게 극복한다. 믿어지지 않는다면 직접 한번 실행에 옮겨 보라. 그 감각을 피부로 느낄 수 있을 것이다. 소극적인 사원은 일하는 중간에도 몇 번씩 쉬는 시간을 갖는다. 또 집중력이 떨어질 때마다 모처럼 걸린 엔진을 처음부터 다시 가동하느라 시간을 허비한다. 이래서는 능률이 오를 리 없다.

집중력은 머릿속으로 생각한다고 해서 키워지는 것이 아니다. 스스로의 경험을 통해 감각을 익혀 가는 것이다. 쇠는 뜨거울 때 두드리라고 했다. 일도 마찬가지다. 마음이 뜨겁게 달궈졌을 때, 즉 땀이 배어나기 시작하고 엔진에 시동이 걸렸을 때 단숨에 처리하는 것이다.

비행기를 조종하는 파일럿은 이착륙 시에 온 신경을 집중시킨다. 특히 착륙 시에는 긴장을 멈추지 않기 때문에 기체가 멈추고 나면 손이 젖어 있을 만큼 땀이 맺힌다고 한다. 집중력과 긴장감은 전혀 다른 이야기가 아니다. 집중한다는 것은 정신적인 긴장 상태를 유지하는 것으로 어떤 일이라도 적당한 긴장감과 집중력이 조화를 이룰 때 실속 있게 업무를 처리할 수 있다.

많은 비즈니스맨을 만나 왔던 경험으로 볼 때, 능력 있는 사원은 항상 적극적이다. '어떤 방법으로 일을 하면 좋을까?'에 대해 항상 생각하면서 일에 대한 집중력을 높이려고 애쓴다. 그렇게 함으로써 앞을 내다보는 선견지명이 생기고 미래에 대한 시나리오도 쓸 수 있다. 바꿔 말하면 머릿속에서 정리된 방법과 순서를 현실적인 형태로 확실하게 실천할 수 있는 사람이라고 할 수 있다.

반면 가능성이 없는 사람은 불만은 많을지 몰라도 미래에 대한 시나리오가 없다. 그것은 현재 상태에 익숙해져서 스스로를 향상시키려 하는 의욕이 없다는 것 외에는 달리 설명할 방법이 없다.

지금 해야 할 일은 바로 행동으로 옮겨라

당신은 무슨 일이든 당장 시작하지 않으면 마음이 놓이지 않는 타입인가, 혹은 신중히 생각하고 천천히 행동하는 타입인가?

결론부터 말하자면, 바로 행동에 옮기는 사람이 성공할 확률이 높다. 왜냐하면 실제로 사회에서 성공한 사람들 대부분이 매우 급한 성격의 소유자이기 때문이다. 비즈니스의 성패는 빠르고 정확한 결단력이 좌우하기 때문에 여유를 부려서는 안 된다.

당신 역시 일을 잘한다는 사원에게서 급한 성격이라는 인상을 받은 경험이 있을 것이다. 이런 사람은 미리 성공 확률을 계산하여 곧바로 행동에 옮긴다. 결코 계획 없이 행동하지 않는다. 성급하게 보이는데도 성과가 나온다는 것은 성과가 나오는 시나리오를 만들어 놓고 즉각적으로 행동으로 옮기는 두 가지 요소가 조화를 이루기 때문이다.

이처럼 일에서 좋은 성과를 거두기 위해서는 그것을 달성할 시나리오와 타이밍이 필요하다. 시나리오가 좋아서도 혹은 타이밍만 좋아서도 안 되며 이 두 가지 요소가 서로 상승 효과를 일으켜야 한다. 이 사실을 알고 있어야 바로 행동에 옮길 수 있다.

바로 처리해야 할 일은 우물쭈물하지 말고 당장 시작하라. 이메일을 확인하고 답장을 보내는 일은 아주 조금의 시간만 투자하면 되지만 쌓아 두면 별도의 시간을 할애해서 해야 한다.

간단한 잡무라도 곧바로 처리하면 짧은 시간에 가능할 일들이 미루면 미룰수록 부담이 되어 돌아온다.

미룰수록 성과는 떨어진다

도전 의식이란 바로 행동에 옮길 때 빛을 발하는 것이다. 책상 앞에서 생각만 해서는 소용없는 일이다. 아무리 오랜 시간 생각해 온 일이라 해도 비즈니스는 결코 이루어지지 않는다. 생각을 하려거든 '뛰면서 생각하는' 자세가 가장 좋다.

상사로부터 "그 일은 어떻게 됐어?"라고 재촉을 받고 있다면 그 지시는 당장 하라는 의미다. 그럼에도 처리하지 않고 미적대고 있다면 분명 태만하다고 밖에는 볼 수 없는 것이다.

"그 일은 잘 진행되고 있는가?"

"1주일 정도는 걸릴 것 같아서, 지금 하는 일이 끝나면 시작하려고 합니다.”

“좀 급한 거니까 우선적으로 해 주게.”

“그렇게 말씀하셔도……..”

이런 상황이라면 당장 하라는 것이 어느 정도 강제적이긴 하지만, 의외로 일이 쉽게 끝나는 경우가 더 많다. 그런데도 당장 시작하지 않고 자꾸 미루려 하기 때문에 당연히 1주일은 필요하다고 생각하는 것이다. 일종의 자기 암시다. 시작하면 할 수 있다고 미루기만 한다면 일정 수준의 업무밖에 할 수 없다. 더 나은 사원이 되기 위해서는 당장 시작하는 습관을 가져야 한다.

‘하자!’라고 결단을 내릴 수 없는 사람은 ‘항상 할 수 없는 사람’이다. 우선 의지를 굳히고 ‘하자!’라고 자신을 채찍질하다 보면 길은 열리게 되어 있다. 나는 실적이 오르지 않는 영업 사원에게 “방문한 거래처에 감사의 편지를 써라. 한 번 방문하는 것 이상의 가치가 있다.”라고 가르친다. 특히 지방 출장과 같은 일에서는 효과를 발휘한다. 서투른 글씨라도 자필로 감사의 뜻을 전하면 되고, 엽서 한 장 정도 쓸 아주 약간의 시간만 있으면 된다. 딱 한 번의 실천으로도 거래처를 다시 방문했을 때 처음 방문했을 때와는 다른 대접을 받을 수 있다는 것을 느낄 수 있다. 한 번의 직접 방문보다도 훨씬 효과적인 방법이다.

그런데 이처럼 좋은 방법을 알고 있으면서도 실천에 옮기는 사람은 아주 드물다. 그것이 영업 실적에서 하늘과 땅 만큼의 차이를 만드는데도 말이다. 엽서를 하루에 두 장 이상 쓰는 영업 사원이라면 틀림없이 평균 이상의 실적을 올릴 수 있다.

쉽게 할 수 있는 일인데 그것조차 하지 않는다면 기회가 있어도 잡지 못하는, 그야말로 가능성이 없는 사람이다. 알면서 하지 않는 것은 모르는 것과 마찬가지이며, 일을 미루는 것 또한 일을 하지 않는 것과 같다. 그러므로 성과를 기대할 수 있을 때 당장 시작해야 한다.

결단을 내렸다면 곧바로 실천하라

성공하고 싶다면 결단을 내려라. 그리고 결단을 내렸다면 바로 실천하라.

무너지는 기업들은 하나같이 결단과 실천이 부족하다. 2~3대로 이어져 온 회사가 매출액이 격감해서 앞날을 예측할 수 없는 상황에 빠졌는데도, 효율적인 방법으로 개선하려는 노력도 없이 부도를 내는 경우가 허다하다. 효율적인 수단은 알고 있어도 좀처럼 결단을 내리지 못해 시간을 질질 끌다가 회사가 회복이 거의 불가능한 상태가 되기 때문이다. "결단을 내렸다면 상황은 달라졌을 텐데……"라고 긴 여운으로 아쉬움을 표현한 기업도 상당히 많다.

사람도 마찬가지다. 평균 혹은 그 이하의 일밖에 하지 않다가 30대가 되어도 전혀 변화가 없는 사람이 있다. 이런 사람이 구조 조정의 대상이 되는 것은 당연하다. 바뀌어야 할 때 바뀌지 않는다면 영원히 바뀌지 않기 때문이다.

그러므로 변해야 한다. 지금 바로 결단을 내려야 한다. '언젠가는 변화한 모습을 보여줄 거야.'라는 것은 거짓말이다. 내가 알고 있는 바로는 이렇게 말하고 변한 사람은 단 한 사람도 없다.

만약 당신이 인원 감축의 대상이 되어 구조 조정을 당할지도 모른다는 불안감이 있다면 지금 당장이라도 "변화한 모습을 보여드리겠습니다."라고 선언하라. 그리고 구체적인 행동으로 옮겨라! 그것이 구조 조정을 당하지 않는 유일한 방법이다.

몇 번씩 언급하지만 회사는 사원을 해고하는 일쯤은 아무렇지도 않게 생각한다. 구조 조정을 당하고 난 후에 그런 사실을 알게 된다고 해도 이미 때는 늦었다. 결국 자기 스스로가 그런 상황이 되도록 씨앗을 뿌려 온 것이다. 그렇기에 조금이라도 빨리 잡초를 뽑아내야 한다.

지금 회사는 당신에게 도전 정신을 원한다. 새로운 미래를 펼쳐 나갈 능력 있는 사원이 필요한 것이다.

바꿔 말하면, 보통의 업무밖에 하지 못했던 사원이 얼마만큼 성장할 것인가가 회사의 장래를 결정짓는다고 해도 과언이 아니다.

결단이 당신을 강하게 만든다

구체적으로 도전하지 않으면 이 글을 읽는다고 해도 소용이 없다. 이 글은 당신이 도전 정신을 가질 수 있도록 동기 부여를 제공할 수는 있어도 실행 단계까지 힘을 실어 줄 수 없기 때문이다.

이제 모든 것은 당신에게 달렸다. 당신이 언제 결단을 내리는가에 따라 당신의 장래가 결정되는 것이다. 결단을 내리는 데는 용기가 필요하며 용기는 당신을 크게 성장시킬 것이다. 용기와 결단의 함수 관계를 진정으로 이해할 수 있을 때 당신도 발전할 수 있다.

결단을 내리고 최선을 다했는데도 일이 잘 풀리지 않을 수도 있다. 하지만 당신은 지금까지 경험해 본 적 없는 힘을 발견하고 "나에게도 이런 힘이 있었나?" 하고 오히려 놀라게 될 것이다.

이러한 경험이 반복되면서 눈앞에 놓인 장애를 확실하게 뛰어넘을 수 있다. 또한 인간성은 물론 업무 능력도 향상되고 정신적으로도 강해질

≫ 생각의 변화, 결단력을 부른다

- 결단을 내리는 일이 모든 것의 출발점이다.
- 당장 하지 않으면 무엇이든 뒤로 미뤄진다.
- 결과는 노력하면 따르는 것이다.
- 결단의 반복은 자신을 강하게 만든다.
- 난 아직 젊다! 그러므로 확실하게 결단을 내릴 수 있다.
- 결단을 내릴 때, 꿈은 이루어진다.
- 결단을 내려서 얻는 것은 있어도 잃는 것은 없다.
- 결단을 내리는 순간 즐거운 인생이 시작된다.
- 결단을 내리면 지혜가 솟아난다.
- 결단을 내리면 주변에 사람들이 모인다.

것이다. 또 사소한 것에 흔들리는 일도 없을 것이다.

30대는 인생의 전환기다. 이 시기를 어떻게 보내느냐에 따라서 인생이 결정된다고 해도 과언이 아니다. 그만큼 중요한 시기다. 40세를 넘기고서야 그 사실을 깨닫게 된들 시간을 되돌리지는 못한다.

내가 젊은 시절 마음에 새긴 책 중에는 『출가와 그 제자』(구라타 하쿠조오 지음)라는 소설이 있다.

"젊을 때 젊은 마음으로 살아가는 것보다 좋은 것은 없다. 젊음은 유감없이 발휘하며 살아가는 것이다."

30대 사회인은 진정한 의미의 청년이다. 앞으로의 긴 비즈니스 인생을 생각한다면 아직 당신은 젊다. 그 젊음을 유감없이 발휘하여 성과를 얻을 때, 당신의 미래는 힘차게 열릴 것이다. 그런 의미에서라도 30대는 도전의 시대다.

항상 정보를 수집하여 예상되는 문제점을 사전에 해결하라

우수한 비즈니스맨이라면 누구나 "불안은 적중한다. 따라서 사전에 방법을 찾는 것이 중요하다."라고 입을 모은다. 우수한 인재일수록 일어나는 문제점을 예측하여 사전에 대응책을 찾는다. 즉, 위기관리에 대한 인식이 확실하다는 것이다.

물론 아무런 문제가 없다면 어떠한 비즈니스라도 순조롭겠지만, 그것은 하나의 가상일뿐이다. 어떤 일이 생길지 모르는 것이 바로 비즈니스이기 때문이다. 문제점이 있어도 그것을 전혀 알아차리지 못하는 사람이 있다. 이런 사람은 문제의식이 전혀 없기 때문에 아무리 충고를 해도 의문조차 품지 않는다. 일 자체에 대한 엄격함이 부족하기 때문이다.

이 정도 의식 수준을 가진 사원이 많다면 그 회사는 회복이 불가능할 정도의 수준일 것이 뻔하다. 부도가 나는 회사를 보면 문제점을 전혀 예측하지 못하거나 문제점이 확연히 드러났는데도 구체적인 대응책을 실행하지 못해 회사가 무너지는 것을 망연자실 바라만 보는 경우가 많다.

세간에 대한 정보 부족도 원인이 된다. 지금까지 이렇게 해 왔으니 이 상태로도 충분하다는 안일한 생각에 빠져 새로운 정보를 등한시해 온 것이다. 당연히 유연한 발상과는 거리가 멀어지고 결국 어떤 문제를 해결할 수 없을 지경에 이르는 것이다. 더구나 이런 무사태평한 분위기가 사내에 만연하다 보면 우수한 사원까지 그 분위기에 젖어 들게 된다.

자신의 일이 늘 제자리걸음이라면 그 원인부터 찾는 것이 순서다. 지금까지의 업무 방법에 의문을 갖고 지금부터 노력하지 않으면 더 이상의 발전은 없다. 늘 목적의식도 없이 빈둥거리며 일하기 때문에 문제점을 알면서도 고치려는 생각은 하지 못한 것이다.

문제점이 무엇인지 알았다면 적어도 적절한 대응책은 찾을 수 있다. 이 과정은 수준 높은 일처리를 요구하는 회사에서 살아남을 수 있는 마지막 기회일지도 모른다.

≫문제점들이 언제 발생할지 알 수 없다

1. 지금까지의 문제점을 예로 든다면

   거래처는   납기에서는

   자신은   가격 면에서는

   동료와 부하 직원은   품질 관리에서는

2. 앞으로 발생할 수 있는 문제점을 다양한 시각으로 예측한다.

3. 미리 대책을 찾는다.

같은 실수를 반복하는 것은 문제점이 확실하게 해결되지 않았음을 뜻한다.

아무리 방법과 순서를 확실하게 정해도 예상 못한 문제에 부딪히는 경우가 있다. 하지만 모든 문제에는 반드시 원인이 있다. 그 원인부터 해결하지 않으면 언젠가는 같은 문제에 부딪히게 된다. 같은 상황을 반복하지 않기 위해서는 항상 대책을 마련해 두는 것이 중요하다.

- 가능성 있는 비즈니스맨은 문제를 예측하여 사전에 대응책을 마련한다.

- 가능성 없는 비즈니스맨은 문제를 예측할 수 없기 때문에 신속하게 대응하지 못한다.

당신 주변에도 같은 실수를 계속 반복하는 사람이 있을 것이다. 그런 사람을 보고 학습 효과를 내지 못하는 사람이라고 느끼는 것은 당신뿐만이 아닐 것이다.

같은 실수를 반복하는 사람은 보통 이하의 사원, 같은 실수를 반복하지 않는 것이 보통 사원이라면 실수를 하지 않도록 사전에 대비하는 사람이야말로 보통 이상의 사원이다.

05
프로페셔널의 성공 비밀
― 커뮤니케이션

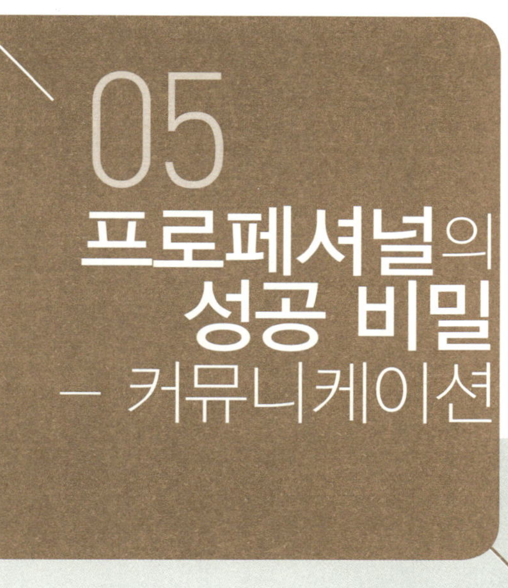

"거듭 강조하지만 비즈니스의 주체는 사람이다. 사람들끼리 무릎을 맞대는 순간이 모든 것을 결정한다고 해도 과언이 아니다."

05 프로페셔널의 성공 비밀 – 커뮤니케이션

사람은 만나면 만날수록 얻는 것이 많다

비즈니스맨이 사람 만나는 일을 싫어하는 데는 해답이 없다. 비즈니스를 하기 위해서는 일부러라도 많은 사람을 만나야 한다. 그리고 영업, 제조, 기획, 개발 등등 어떤 부서에 있더라도 마찬가지다.

직종에 따라서는 근무시간에 외출하기 어려운 사람도 있다. 그런 경우라면 근무시간 이후에 만나서 가볍게 식사를 하는 것만으로도 좋은 관계를 유지할 수 있다. 눈앞에 있는 시간과 비용이 아깝다는 이유로 상황을 피하기만 해서는 유익한 정보나 인맥이 끊어질 수 있다는 사실을 명심해야 한다.

그 정도의 경비는 자신을 위한 투자라고 생각하고 지출할 수 있어야 한다. 이 작은 투자로 인해 결과적으로는 업무에 도움이 되고 회사에서의 평가와 대우도 좋아지기 때문이다.

만날 사람이 없어서 매일 집으로 직행하는 사람이라면 다양한 동호회 활동을 권하고 싶다. 무수히 많은 동호회 중에서 자신의 취미에 맞고 흥미가 있는 것을 선택해서 자꾸 나가도록 한다. 깊이 생각할 것도 없다. 그저 다양한 사람을 만나 즐기면 된다. 단지 그뿐이다.

비즈니스와 직접 연결하려고 애쓸 필요도 없다. 다른 사람들과 이야기를 나누는 것만으로도 얻을 수 있는 것은 많다. 그리고 그 즐거움을 깨닫게 되는 순간부터는 점점 사람들과 만나고 싶어진다. 왠지 모를 자신감이 생기고 뭔가 행동할 수 있을 것 같은 느낌도 들 것이다. 당신이 상상했던 것 이상으로 많은 것을 배울 수 있을지도 모른다. 때로는 상대방에게 압도되어 자신감을 상실하는 경우도 있겠지만 그것마저도 도움이 된다. 주변에서 일어나는 모든 일은 좋은 일이든, 나쁜 일이든 자신에게 약이 되는 법이다.

사람은 책이나 미디어와 달리 직접 마주하기 때문에 시야도 넓어진다. "사람이란 참 재미있어.", "세상에는 다양한 사람들이 있군." 하고 느낄 수 있다면 성공이다.

아무리 IT산업이 발전하는 시대라지만 비즈니스의 주체는 역시 사람이다. 적극적인 사람일수록 가벼운 마음으로 사람들과 만난다. 만남의 효과를 잘 알고 있을 뿐 아니라 업무에도 적절히 활용할 수 있기 때문이다.

① 명함 케이스 – 비즈니스맨의 첫 인상

명함은 자신의 얼굴, 비즈니스 미팅 및 비즈니스의 성패는 명함을 주고받으면서부터!

상대방을 앞에 두고 복잡한 지갑 속을 뒤적거려 명함을 꺼낸다거나, 받은 명함을 와이셔츠 포켓에 넣어 두거나 서류 사이에 끼워 둔다는 건 신중하지 못한 인상을 준다. 명함 케이스는 너무 화려한 것보다는 무채색 계열의 심플한 디자인에 독특한 문양으로 악센트를 준 것을 선택해 보자. 자신의 얼굴과도 같은 명함을 넣고 다니는 케이스인 만큼 투자를 아끼지 않는 것이 좋다. 낡은 명함 케이스는 주저 말고 새것으로 교체를!

② 품격을 높여 주는 은근한 멋 – 만년필

펜은 곧 그 사람의 사회적 신분을 상징하는 소품. 수천만 원이 오가는 계약서에 사인을 하면서 싸구려 볼펜을 꺼내 들어 볼펜 똥까지 남긴다면 상대방에게 자칫 불쾌감을 줄 수도 있다. 계약서에 사인하기 위해 고급 만년필을 꺼내는 사람이 몇백 원짜리 볼펜을 꺼내는 사람보다 신뢰받는 것은 당연하지 않을까?

③ 손목 위에서 빛나는 사회적 지위 – 시계

시계는 예부터 부와 명예, 지위를 상징. 정장용과 캐주얼용 시계는 따로 구비해 두는 것이 좋다. 가죽 밴드는 캐주얼과 세미 정장을 두루 만족시키는 무난한 아이템. 은색의 스테인리스는 어느 정장에나 잘 어울린다.

④ 경제력의 바로미터 – 지갑

3년 이상 된 낡은 지갑은 즉시 새로운 것으로 교체하는 것이 좋다. 풍수적으로도 오래된 지갑을 가지고 있으면 그만큼 금전운이 떨어진다는 설이 있다. 지갑 속은 항상 깨끗하게 정리하도록 하자. 블랙 또는 브라운 계열의 전통적인 컬러로 차분한 느낌을 살려도 좋고, 과감한 실버 컬러에 도전하여 트렌디한 감각을 과시해도 좋을 듯.

⑤ 패션 감도를 높여 주는 마무리 아이템 – 가방

비즈니스맨의 가방은 사무실의 축소판. 지나치게 많은 내용물들이 가방의 외형을 울룩불룩하게 변형시킨다면 차분하지 못한 인상을 주어 신뢰감을 떨어뜨린다.

잘 고른 가방이라 해도 비즈니스 미팅 시, 서류 가방을 테이블 위에 보란 듯 내려놓는 것은 절대 금물. 가방은 의자 옆 아래에 내려놓고 필요한 서류만 테이블 위에 놓는 것이 예의다.

우수한 비즈니스맨은 사람과의 거리를 안다

심리학에서 물리적인 거리와 심리적인 거리 관계를 연구한 '4가지 인간관계 구역'이라는 것이 있다. 인간관계를 원만하게 유지하고 싶거나 가까워지고 싶을 때 활용할 수 있는 좋은 정보다.

가능성 있는 비즈니스맨이라면 무의식중에 사람과 사람과의 거리를 잘 활용하여 상대를 설득한다. 수많은 사원을 관찰한 결과, 인간관계 구역을 의식할 경우 상당히 도움이 되는 것으로 나타났다.

- **4가지 인간관계 구역**

　① 공중 구역 – 3.5미터 이상

　② 대인 구역 – 1미터~3.5미터

　③ 사적 구역 – 0.5미터~1.5미터

　④ 밀접 구역 – 0.5미터 이내

예를 들어 말하자면 ①은 학창시절 선생님과 제자의 관계, ②는 상사와 부하의 관계, ③은 새로운 관계, ④는 연인과 같은 친밀한 관계의 거리다.

비즈니스에 관련되는 것을 고르라면 ②와 ③의 거리다. 회사 내에서는 보통 ②의 경우가 대부분이다. 그 거리를 무시하면 혐오감을 일으킬 수 있다.

예를 들어 평소에 관계가 소원했던 상사로부터 호출을 받아 1미터 이내로 가까이 가면 반감이 생긴다. 하지만 평소에 좋은 관계를 맺고 있었다면 오히려 친밀감이 더해진다. 즉 ③의 친한 관계로 인지되는 것이다.

거래처와 계약을 하는 단계에서 의식적으로 ③의 거리를 활용하는 사람도 있다. 이때는 마주보고 앉는 것보다 옆에 붙어 앉아 계약서에 서명을 하도록 유도하는 것이 효과적이다. 상대방의 심리적인 저항감을 저하시키고, 일체감을 연출할 수 있기 때문이다.

인터넷이 발달할수록 더욱 사람을 만나라

최근에는 사소한 연락 사항에서 중요한 데이터 송신까지 이메일을 사용하는 일이 많다. 예전에는 사람을 만나서 이야기할 것을 이메일로 끝내는 것이다. 그러나 편리한 것에는 역시 허점이 있기 마련인데, 인간관계 자체만 비교하자면 예전만은 못하다.

심지어 "이메일이라면 어떠한 것도 말할 수 있는데, 상대방 앞에 나서면 갑자기 말이 나오지 않아서……"라는 사람도 있다. 이메일이 아니면 자신의 의지조차 전할 수 없게 된 것이다.

사원이 20명 정도인 작은 회사에서 '지시는 메일로, 보고도 메일로'라는 의견이 등장했다. 이를 전해들은 사장은 "한 층밖에 사용하지 않는 회사에서 그렇게까지 할 필요가 있을까?"라는 의문이 들었다고 한다.

나 역시 동감이다. 지시를 내리면 바로 들리는 거리에 있는데, 일부러 메일을 사용하는 것이 과연 옳은 일일까? 기업 수준의 회사라면 그것도 하나의 방법이 되겠지만, 최상의 선택은 아닐 것이다.

이메일은 적절히 편리하게 사용하면 그것으로 충분하다. 비즈니스 사회에서 이메일이 중심이 된다면 업무의 본질도 함께 사라진다. 이메일만으로 끝나는 비즈니스는 있을 수 없다.

거듭 강조하지만 비즈니스의 주체는 사람이다. 사람들끼리 무릎을 맞대는 순간이 모든 것을 결정한다고 해도 과언이 아니다.

타인은 비즈니스의 훌륭한 교과서다

사람은 많이 만나면 만날수록 좋다. 만남을 통해 자신의 부족한 부분을 알게 되고, 좋지 않은 점까지 역으로 배우게 된다. 그렇게 사람과의 만남을 늘려 갈수록 그 시간 자체가 즐거워질 것이다.

구체적인 성과를 요구받는 30대 직원이 비즈니스 관계에서 메일만 주고받고 있다면 곤란하다. 비즈니스의 세계는 냉정한 승부의 세계이며, 사람들과 직접 부딪쳐서 얻어내는 성과로 지속된다. 상품을 사고파는 것 모두 결국 사람이 결정한다는 사실을 잊어서는 안 된다.

배움에는 지나침이 없다. 나는 50세가 된 지금도 사람과의 만남을 통해 나의 부족한 점을 알게 되어 얼굴을 붉히는 일이 많다. 그래서 가능한 한 많은 사람과 만나려고 노력한다. 그 수많은 만남이 비즈니스로 연결되어 좋은 성과를 가져다주기도 한다.

책상 앞에 앉아 있는 시간이 길면 길수록 사람과 만나는 것 자체가 귀찮아진다.

일이 잘 풀리지 않아 고민이라면 주저 없이 거리로 나가라. 반드시 고민을 해결할 방법을 찾을 수 있을 것이다. 결코 이메일로는 배울 수 없는, 알지 못했던 지혜를 얻을 수 있다.

사내 커뮤니케이션을 통해 연대감을 조성하라

동료 사원들을 관찰해 보면 금세 알 수 있다. 일을 잘하는 사람일수록 사내를 자주 돌아다닌다.

특히 리더의 입장이라면 자리에서 사람이 오기만을 기다려서는 곤란하다. 팀의 리더는 문제점이 드러날 수 있도록 관리 시스템을 정비할 필요가 있다. 가장 중요한 것은 사내에서의 커뮤니케이션이다. 그렇다고 모여서 수다를 떨라는 이야기가 아니다. 문제점을 찾기 위한 과정임을 잊어서는 안 된다.

나는 작은 회사를 경영하고 있는데, 하루에 한 번은 꼭 사내를 둘러본다. 개개인이 어떤 일을 하고 있는지, 의욕적으로 일하고 있는지, 방법이 틀리지는 않았는지, 건강 상태는 어떤지 등을 직접 체크하기 위해서다. 이제는 미묘한 분위기의 변화도 금방 알 수 있어서 문제점을 그 자리에서 처리할 만큼 능숙해졌다.

당신이 어떤 위치에 있더라도 커뮤니케이션의 기술은 여러모로 도움이 된다. 때론 자신의 존재를 알리는 최선의 방법으로도 통한다.

개발 부문에서 일하고 있다면 영업부의 상황을 파악해 두는 것이 도움이 된다. 판매 부문이라면 개발부나 기획부와의 커뮤니케이션을 통해 신상품에 대한 힌트를 찾을 수 있고, 판매 전략도 알 수 있다. 부서 간의 의사소통이 활발해지면 일의 제휴는 물론 신뢰감도 쌓여 업무의 동기 부여도 높아진다.

서로 협력하여 문제점을 해결하려는 자세를 보인다면 어떤 부서를 가도 당신은 환영받을 것이다.

 인맥 관리, 휴대전화 문자메시지 활용하기

최근 들어 기업 내 직장인들 사이에 연말연시 등 때마다 으레 단체 문자 메시지를 전송하곤 한다. 이에 대한 대응은 어떻게 하고 있는가? 불쾌해하며 그냥 무시해 버리는 건 아닌지?
만약 마음을 담은 개별 문자를 통해 인사를 전한다면 인맥을 유지하고 관리하는 절호의 기회가 될 수 있지 않을까?

커뮤니케이션을 통해 업무를 효율적으로 처리하라

사내를 돌아다니다 보면 여러 가지 문제점이 보일 것이다. 저런 방법은 효율적이지 않다든지, 일의 연결이 매끄럽지 못하다든지, 리더끼리 서로 고집을 부려 업무에 방해가 된다든지 등, 지금까지 눈에 들어오지 않았던 문제들을 발견하게 된다. 처리되지 않은 사항도 쉽게 눈에 띄는데, 이때는 즉시 원인을 찾아내어 문제를 하나씩 해결하는 것이 현명하다. 30대의 중견 사원이라면 이 정도 의식은 당연히 갖고 있어야 하고, 당장 실천해야 한다. 그러면 업무에 대한 도전 의식도 솟아나게 될 것이다.

부서 간 커뮤니케이션이 결점을 찾는 것을 의미하지는 않는다. 긍정적으로 문제를 해결하기 위해 서로 협력하여 사업을 발전시켜 나가는 과정이자 수단인 것이다. 이런 사내 분위기라면 판매 부문 탓이니, 개발 부문 탓이니 하며 서로에게 책임을 미루는 일은 사라지게 된다.

다른 부서의 스타일을 무조건 비판하는 자세는 오히려 잃는 것이 더 많다. 중요한 것은 비판이 아니라 앞으로 개선해 나갈 점을 생각하는 것이다. 시종일관 단순한 비판은 회사의 경영 풍토를 흐리게 하는 요인이 될 뿐 아니라 사내의 분위기마저 침체되게 만든다.

≫ 사내 커뮤니케이션

자신의 책상에 앉아 있지만 말고 다른 부서를 돌아봐라!

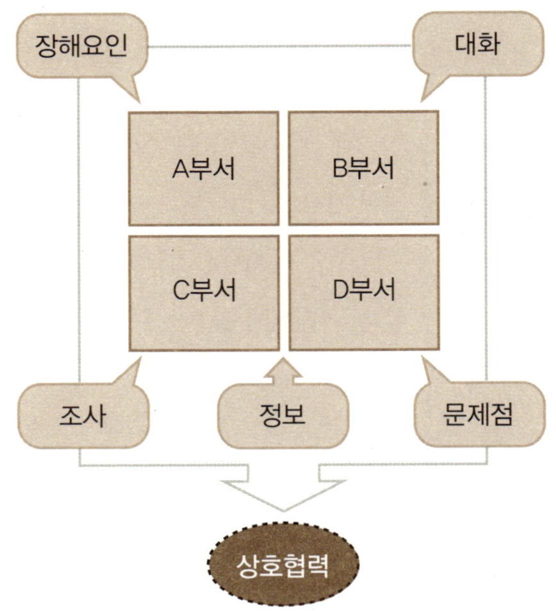

개선하려는 의욕이 문제 해결 능력을 높인다

많은 문제점을 안고 있는 것이 바로 회사 조직이다. 그래서 하나의 문제를 해결해도 또다시 새로운 문제가 생기게 마련이다. 더욱이 그것을 그대로 방치해 두면 너무나도 많은 문제점들로 가득 차서 간단히 해결할 수 없게 된다.

그러므로 회사의 입장에서는 개선 의욕과 문제 해결 능력을 가진 사원을 요구한다. 더욱이 30대 사원이라면 이런 능력이 절대적으로 필요하다.

실제로 중·장년의 사원이 구조 조정에서 1순위가 되는 것은 인건비 부담을 줄이려는 목적도 있겠지만, 더 이상의 부가가치나 지금까지 해 왔던 이상의 공헌을 기대할 수 없기 때문이다.

따라서 회사에서 요구하는 문제 해결 능력을 갖추기 위해서는 우선 다음과 같은 자기 관리에 들어가야만 한다.

① 업무를 진행하는 데 폐해나 시간 낭비는 없는가? →

② 폐해나 낭비가 있으면 즉시 대응책을 강구한다. →

③ 동일한 폐해가 발생하지 않도록 구체적인 대책을 강구한다.

만약 같은 실수를 몇 번이고 반복한다면 그것은 문제 해결 능력이 결여되어 있는 것이다. 이에 대해 "실수를 하지 않도록 매뉴얼을 만들면 된다."라고 말하는 사람도 있지만, 그 원인이 어디에 있는지 알지 못하면 매뉴얼을 만들어도 그것에만 의지하고 생각하지 않으려는 사원들로 가득 차게 된다. 이래서는 문제를 적극적으로 해결하는 응용력이 떨어지고 만다.

실제로 비즈니스가 매뉴얼대로 진행되는 경우는 극히 드물다. 그 순간순간에 상황을 적절히 판단하고 접근해야 하기 때문에, 지금과 같은 비즈니스 사회에서 가장 요구되는 것이 문제 해결 능력이라 해도 과언이 아니다.

기업을 지탱하는 것은 사원이다. 신입 사원이라면 어떨지 모르지만 중견 사원이 문제 해결 능력이 전혀 없다면 구조 조정은 어찌 보면 당연한 결과다.

문제점을 발견하지 못하는 것은 문제에 대한 고민이 전혀 없기 때문이다. 이것은 특별한 능력이 아니다. 자신의 일에 적극적인 자세를 갖고 있다면 반드시 문제점에 부딪히게 될 것이다. 그것을 애써 외면하기 때문에 더 큰 성과를 얻을 수 없는 것이다. 문제의식 없이 일하는 사람은 '아무 생각이 없는 사람'이라는 평가를 받게 되어 있다.

문제 해결에도 순서가 있다

실제 비즈니스 상황에서 문제 해결은 단번에 이루어지지 않는다. 기본적인 흐름을 말하자면 다음과 같다. 단계적인 사고의 경로를 거쳐 자기만의 해답을 찾아야 한다.

① 문제를 발견하는 눈을 가진다.

② 현황이 어떠한지 데이터를 조사한다.

③ 문제점을 부각시킨다.

④ 어떻게 해결할 것인가에 대한 목표를 정한다.

⑤ 어떤 과정으로 진행할 것인가를 결정한다.

⑥ 아이디어를 제시한다.

⑦ 대책을 구체적으로 실시한다.

⑧ 그 효과와 목표를 비교한다.

이와 같은 순서를 익혀 두면 문제의 해결 능력을 익힐 수 있다. 눈앞에 큰 문제가 있어도 그것을 발견할 수 없다면 최악의 평가를 받는다 해도 어쩔 수 없다.

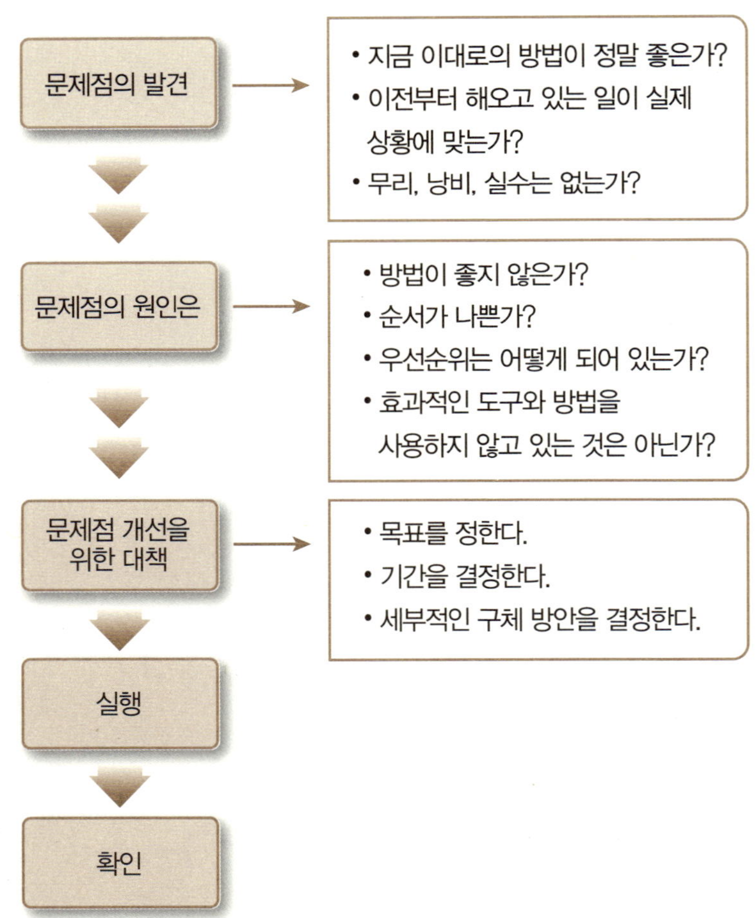

"재미있네."(속뜻: 내 생각은 달라.)

"내 생각은 다른데."(내 생각은 정말 많이 달라.)

"내 생각과 많이 다르네."(네가 맞을지도 모르지만 난 관심 없어.)

"틀렸어."(내가 원하는 답이 아니잖아.)

"사람이 융통성이 있어야지."(하고 싶지 않아도 시키면 해.)

"나를 납득시켜 봐."
 (네가 뭐라는지 하나도 모르겠고, 너도 마찬가지지?)

"더 큰 그림을 보라니까."(회장님이 원하는 방향을 모르나?)

"결정했네."(내 뜻은 확고하니까 더 이상 왈가왈부하지 마.)

"나중에 더 얘기해 보자고."(그랬다간 죽을 줄 알아.)

"e-메일로 보낸 건 무슨 뜻이야?"
 (간단히 요약해서 얘기해 봐. 난 아직도 e-메일 볼 줄 몰라.)

1. 꿈과 용기가 있으면 도전하고 싶은 의욕이 생긴다. 꿈은 이루어진다고 믿어라. 구체적인 꿈을 가져라.

2. 일이든 인생이든 포기는 모든 것을 망친다. 특히 비즈니스는 중도에서 포기하면 전혀 성과가 없다. 앞으로 남은 한 걸음의 노력이 결과에 막대한 영향을 끼치게 한다. 노력은 결코 배신하지 않는다.

3. 항상 어떻게 하면 빨리, 효율적으로 성과를 낼 수 있을지에 대해 생각하며 행동하라. 엔진에 시동이 걸려 괘도에 올랐을 때 집중해서 일해야 한다.

4. 지금 해야 할 일은 바로 시작해라. 뒤로 미루면 그만큼 기회나 성과도 줄어든다.

5. 정리하는 습관은 문제점을 발견하고 쓸데없이 시간을 낭비하는 것을 줄일 수 있다. 그것이 바로 효율적으로 일하는 방법이다.

6. 사람은 만나면 만날수록 많은 것을 배운다. 인터넷 시대야말로 만남의 부가가치를 높일 수 있는 기회다.

7. 타인의 힘을 잘 빌리는 사람이 성공한다. 비즈니스의 주체는 사람이기 때문이다. 다만, 사람을 이용해서는 안 된다. 어디까지나 활용하는 것이다.

8. 고객의 불만은 때론 기회가 될 수도 있다. 불만 사항을 완벽하게 처리할 때 당신의 능력은 배로 돋보인다.

9. 도망치고 싶은 약한 마음을 몰아내는 기술이 필요하다. 도망치고 싶은 마음에 휩쓸리지 말고 스스로를 격려하며 달려가라.

10. 사내 커뮤니케이션에 도전하라. 그리고 다른 부서와 커뮤니케이션을 취하라. 서로의 동기 부여가 높아진다.

11. 결단을 내리지 못하면 아무것도 시작되지 않는다. 결단력이야말로 사람의 능력을 발전시키는 힘이다. 기회를 얻고 싶으면 지금 당장 결단을 내려라.

직장이 전부다

06
프로페셔널의
성공 비밀
― 설득력

“사람의 마음을 얻고 싶다면 배려의 마음부터 배워야 한다. 일
을 즐겁게 하기 위해서는 너무 멀지도 않게 너무 가깝지도 않
게 서로의 친밀감을 유지하는 것이 제일이다.”

06 프로페셔널의 성공 비밀 – 설득력

**항상 끌리는 사람, 인간관계가
원만한 사람이 성공한다**

"오늘, 한잔 어때?"

직장 동료나 상사가 술 한잔을 권할 때, 당신은 고개를 갸우뚱할지도 모른다.

'근무도 끝났는데 꼭 술자리까지 가야 하나?'

그러나 술자리가 내키지 않아도 특별한 약속이 없는 한 사내 모임에는 빠지지 않는 것이 좋다. 모임을 즐기되 사람과 더 가까워지는 시간을 만들어야 한다. 술로 모든 스트레스를 풀려는 사람들만 아니라면 사람과 사람의 만남은 잃는 것보다 얻는 것이 많은 법이다. 인간관계가 좋지 않은 사람에게 매력을 느끼기는 어렵다. 마음을 터놓고 허물없이 사귀려고 하는데 피하려고만 한다면 분명 기분 좋은 일이 아닐 것이다.

비즈니스의 세계는 보이는 형식이 우선하는 사회다. 아무리 절친한 동료라 해도 깊은 속 얘기까지 나누는 경우는 생각보다 많지 않다. 하지만 서로 술잔을 주고받으며 흉금을 털어놓다 보면 진정 친밀한 관계로 발전할 수 있다. 많은 사람과 마음을 나누다 보면 새로운 기회도 생길 수 있다.

비즈니스의 주체는 인간이다. 따라서 인간을 알지 못하는 사람은 비즈니스 사회에서 성공할 수 없다. 물론 다른 사람의 도움도 바랄 수 없다. 비즈니스는 혼자서 이루는 것이 아니라 반드시 주위의 협력이 필요하다. 비즈니스 사회에서는 인간관계가 좋은 사람이 승리한다.

'기꺼이'라는 한마디

누군가에게 일을 부탁했을 때, "기꺼이 하겠습니다."라는 대답만큼 기분 좋은 한마디도 없다.

일을 부탁했을 때 '기꺼이'라고 한마디 덧붙여 말하는 사람, 이런저런 변명도 없고 무슨 일이든 적극적인 사람, 이런 사람과 함께 일하면 정말 즐겁다.

일상의 작은 약속이나 만남도 마찬가지다. 어쩔 수 없는 사정으로 거절해야 한다면 나름의 요령이 필요하다.

"자네, 오늘 한잔 어때?"

"죄송해요. 오늘만은 어렵습니다. 어쩌다 한 번 데이트 약속을 잡았습니다. 겨우 주어진 기회라서……."

"그래? 그렇다면 잘해 보게."

"오늘만 아니라면 언제라도 괜찮습니다!"

정말 기분 좋은 거절! 이런 친구라면 다음 기회에라도 한잔 꼭 하고 싶어진다. 거절하는 이유가 정말인지 아닌지는 알 수 없지만 훌륭한 방법이다. 인간관계가 좋은 사람은 부탁하는 방법도 훌륭하지만 거절하는 방법도 훌륭하다.

꼭 해야 하는 일이라면 '기꺼이'라는 말 한마디를 덧붙여 보자. 만약 거절해야 한다면 상대의 기분이 상하지 않도록 방법을 찾자. 작은 배려가 친밀감을 더하고 사람의 마음도 움직이는 법이다.

사람의 마음을 얻고 싶다면 배려의 마음부터 배워야 한다. 일을 즐겁게 하기 위해서는 너무 멀지도 않게 너무 가깝지도 않게 서로의 친밀감을 유지하는 것이 제일이다. 그런 마음의 여유야말로 비즈니스에서 좋은 관계를 이끌어 내는 바탕이 된다.

한번은 소위 잘나가는 외식 업체의 사장에게 성공 비결을 물었다.

"고객이 행복하다고 느껴야 성공할 수 있습니다. 요즘도 어떻게 하면 고객을 만족시킬 수 있을까, 고민하고 또 고민합니다. 요리가 맛이 없어서도 안 되겠지만, 종업원의 친절한 서비스도 정말 중요합니다. 눈앞에 있는 이익만 생각해서는 안 됩니다. 손님이 만족하면 할수록 돈이야 저절로 따라붙게 되어 있지요."

비즈니스의 성패도 여기에 달려 있다. 인간관계라는 것은 정신적인 것은 물론 서로에게 일정한 이익 구조 없이는 유지되기 어렵다. 만날수록 득이 되는 관계가 되기 위해서는 상대방에게 '저 사람을 알아두면 반드시 도움이 된다.'라는 생각을 심어 주어야 한다.

자신의 '득(得)'을 원한다면 '덕(德)' 있는 사람이 되도록 노력하라. 그것을 실천한다면 당신 주위에 사람은 저절로 모이게 되어 있다. 인간관계든 비즈니스든 '득'과 '덕'이라는 두 가지 요소가 갖춰지지 않으면 제대로 굴러가지 않는다. 보통 이상의 인간관계를 지키는 사람이라면 회사 내에서나 밖에서나 반은 성공을 이룬 셈이다.

직장 상사의 '불편한 부탁'

최근 한 조사에 따르면, 직장인 10명 중 9명이 직장 상사의 '불편한 부탁'을 받아 본 것으로 조사됐고 그중 절반가량은 이로 인해 정신적 피해를 겪어보았다고 하는데 당신은 어떠한가? 불편한 부탁을 받았을 때 어떻게 대처하는가?

직장 상사의 불편한 부탁에 대한 대응 유형
① '우유부단형'이 52.6%로 가장 많았다.
② 기분이 상하지 않도록 거절하는 '여우형'은 28.3%로 그 뒤를 이었다.
③ 당당하게 거절하는 '소신파'(10.7%)
④ 무조건 부탁을 들어주는 '충성파'(8.3%)

직장 상사의 불편한 부탁을 쉽게 거절하지 못하는 이유

① 상사와의 불편한 관계 우려(43.1%)

② 회사 내 지위 관계상 어쩔 수 없어서(20.7%)

③ 차라리 양보하는 게 속 편하기 때문(17.1%)

④ 거절하면 상사가 싫어할 것 같아서(8.6%)

직장 상사의 불편한 부탁을 거절하는 노하우

① 정중하게 얘기하기(26.7%)

② 수락하기 어려운 상황을 예로 들기(24.0%)

③ 솔직하게 얘기하기(19.0%)

④ 미안함을 표시하기(14.8%)

⑤ 돌려 말하기(9.5%)

⑥ 냉정하게 얘기하기(3.6%) 등

Tip 상대의 부탁을 거절할 때

상대방의 부탁을 무조건 수락하는 건 반드시 바람직하다 할 수 없다. 오히려 나중에 더 곤란한 상황에 직면하게 될지 모른다. 상대의 부탁을 거절할 수밖에 없을 때는 자신의 입장과 원칙을 자세히 설명해서 상대의 이해와 동의를 구하도록 한다.

사람을 움직이는 설득의 힘,
당신의 행동에 회사가 움직인다

인간 사회는 자신과 타인이 서로에게 끊임없이 영향을 주고받으며 살아간다. 회사 조직도 마찬가지다. 상사는 부하 직원에게 지시하고, 부하 직원은 기대만큼 움직여 주지 않으면 안 된다. 또 부하는 상사와 상담하고 자신의 요구가 받아들여지도록 해야 한다.

여기에는 전부 '설득하다'라는 행위가 뒤따른다. 설득하려는 상대나 상황은 달라도 어떤 의미에서 인생은 설득의 연속이라고 할 수 있다. '설득'이라는 것은 간단히 말해 다음과 같다.

설득의 힘을 발휘하는 사람은

① 상대에게 좋은 인상을 주어 좋은 평가를 받는다.

② 그 다음 상대의 마음을 움직인다.

③ 그러면 상대가 납득하기 좋게 행동한다.

중요한 것은 '어떻게 상대의 마음을 움직일 것인가?'다.

비즈니스의 주체는 인간이고 모든 것은 인간이 정한다. 그러므로 인간 심리에 정통하지 않고서는 비즈니스맨으로 성공할 수 없다. 설득력은 하루아침에 얻을 수 있는 것은 아니지만, 적극적인 사고방식을 가지고 행동하면 자연스럽게 익힐 수 있는 것이다. 물론 마음을 움직이는 것이 쉬운 일은 아니다. 상대방이 나의 뜻대로 행동하지 않으면 결코 설득했다고 말할 수 없기 때문이다. 머리로 이해해도 마음으로 납득하지 않으면 사람의 마음은 움직이지 않는다. 따라서 어떠한 일에 있어서도 가능성 있는 사람은 자신의 행동을 통해 상대를 설득한다. 말로만 설득의 효과를 높이는 것은 매우 어렵기 때문이다. 당신의 행동은 상대를 설득하는 결정적인 역할을 한다.

설득의 힘은 자기중심에서 발휘되는 것이 아니다. 상대가 마음으로 인정할 수 있는 나의 인간 됨됨이에서 출발하는 것이다. 한 사람의 행동 그 자체가 설득의 성패를 좌우하는 것이다.

인간은 감정의 동물이다. 마음으로 공감하지 못하면 반발감이 생기기 마련이다. 이 '머리'와 '마음'이라는 두 가지 요소를 만족시킬 때 비로소 상대를 설득할 수 있다. "저 사람은 업무 수행 능력이 뛰어나다."라는 이성적 요소와 "인간적으로도 훌륭하다."라는 감성적 요소가 함께 해야 하는 것이다. "저 사람은 업무 능력은 있는데, 인간성에 문제가 있다."라는 평을 듣는다면 비즈니스 사회에서 설득의 힘을 발휘하기 어렵다.

이에 대한 표현도 세대에 따라 다소 차이는 있다.

20대의 경우라면 그저 "호감이 간다."라는 수준이면 충분하다. 즉 "일도 잘하고, 배려하는 마음도 있는데 성격이 밝고 성실하다."라는 평가 정도면 훌륭하다.

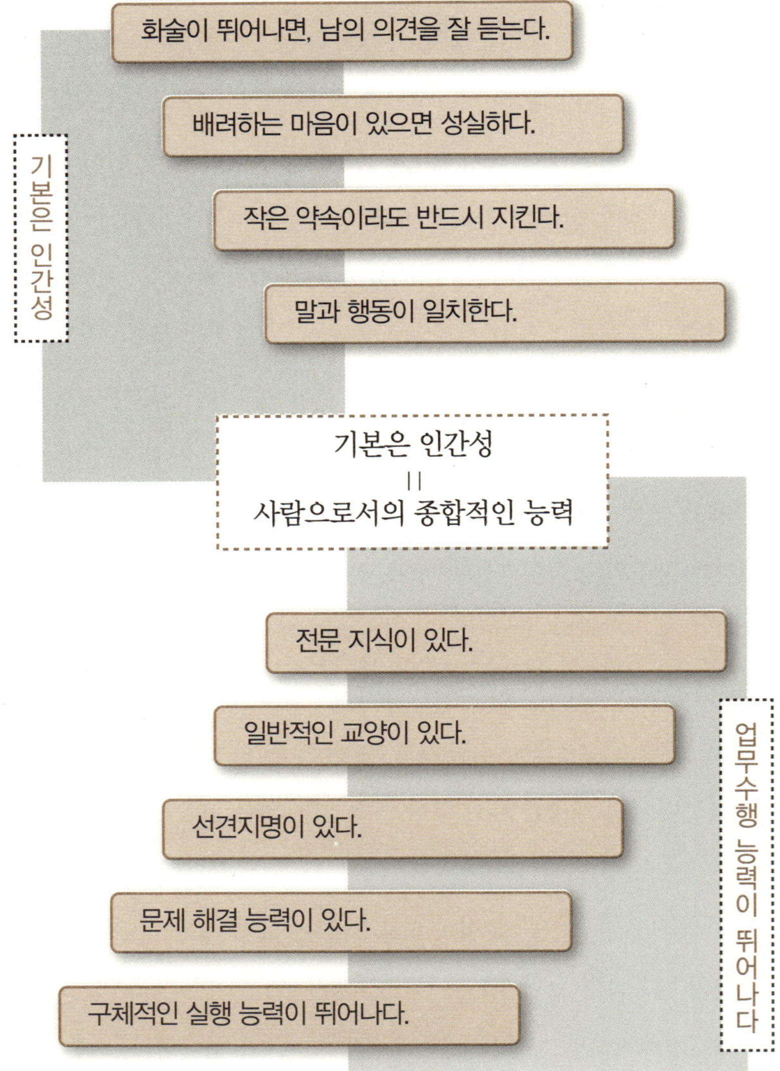
화술이 뛰어나면, 남의 의견을 잘 듣는다.
배려하는 마음이 있으면 성실하다.
작은 약속이라도 반드시 지킨다.
말과 행동이 일치한다.
기본은 인간성
기본은 인간성
=
사람으로서의 종합적인 능력
전문 지식이 있다.
일반적인 교양이 있다.
선견지명이 있다.
문제 해결 능력이 있다.
구체적인 실행 능력이 뛰어나다.
업무수행 능력이 뛰어나다

그러나 30대의 경우라면 좀 더 표현이 엄격해진다. 업무에 대한 의식 수준이 높고 기대 이상의 확실한 성과를 내야 하며 인간으로서의 종합적인 감성도 평가 기준이 된다.

30대 사원은 이성적으로나 감성적으로나 구체적으로 보여주지 않고서는 주위를 설득할 수 없다. 아무튼 20대보다 전문 지식이나 업무 수행 능력이 뛰어나고 인간적으로도 성숙되지 않으면 안 된다.

스스로의 행동으로 회사를 설득하라!

이것이 지금의 30대 샐러리맨에게 주어진 명제다.

─ 말 잘하는 비결, 자신만의 이야기 주머니를 만들기 ─

1. 독서는 말의 힘!

인기 개그맨이나 사회자, 잘 나가는 경영자나 정치인, 세일즈맨 등 남들 앞에서 얘기할 기회가 많은 이들일수록 자신만의 이야기 주머니를 만들기 위해 독서를 게을리하지 않는다.

2. 나만의 이야기 수첩 만들기

탁월한 연설 실력을 가지고 있는 것으로 유명한 힐러리 로댐 클린턴에게는 인용문, 속담, 격언, 성경 구절이 빼곡히 적힌 수첩이 있다고 한다. 언제 어디서라도 정곡을 찌르는 연설을 할 수 있는 그녀의 원동력은 인용할 말이 적힌 수첩인 것.

3. 미리 계산된 스토리텔링

미리 계산된 스토리텔링이어야만 이야기가 가지는 힘을 최대화할 수 있다. 일부는 머릿속에 기억시켜서 언제든 써먹을 수 있도록 하고, 일부는 노트에 정리해 두고 필요할 때마다 볼 수 있도록 해 두는 것이 필요하다.

4. 효율적인 메모 정리

자신의 이야기 노트에 찾은 이야기를 정리하기만 하는 것이 아니라, 그 이야기를 사용한 장소와 상황, 어떤 반응이었는지도 메모해 두면 좋다. 그러면 다음에 그 이야기를 사용할 때 많은 참고가 되기 때문이다.

5. 활용도 높은 소재를 찾아야

시사, 문화예술, 스포츠에 대한 이야기것거리는 반드시 준비해 둘 필요가 있다. 어떤 상대를 만나더라도 쉽게 말을 섞을 수 있는 주제가 바로 이들이다. 한두 개 꺼내 보고 상대가 관심 가질 주제가 보이면 거기에 대해 구체적으로 얘기하다 보면 자연스럽게 공감대가 형성된다.

6. 주기적으로 업데이트

이야기에도 유효 기간이 있다. 10년 전에는 유머로 용인되던 것

진정으로 하려는 사람만이
다른 사람의 협력을 얻는다

제법 그럴싸한 구실을 붙여 입으로는 훌륭한 것처럼 말해도 행동이 따르지 않는 사람을 '말만 잘하는 사람'이라고 한다.

이런 사람들은 무슨 일이든 자신이 먼저 솔선수범하는 일이 없으며, 항상 방관자적인 자세를 취한다. 어떠한 상황에서도 적극적인 자세가 부족하다. 또한 "S군, 이것 좀 해 주겠나?" 하고 부탁을 받으면, "네? 제가 말입니까?" 하는 태도를 보인다.

이런 사람에게 누가 일을 부탁하겠는가? 상사는 하기 싫은 일을 마지못해 하는 사람은 시키지 않는 편이 낫다고 생각한다. 기대하는 만큼 만족스럽게 일해 주지 않을 것이 뻔하기 때문이다.

그러나 자신은 동료에게 부탁하는 일이 허다하니 이것은 전혀 앞뒤가 맞지 않는 일이다. 아무도 협력해 주지 않는 상황이 반복되다 보면 초조함이 더해 가고 불안정해지기 마련이다. 결국 설 자리가 없어져 회사를 그만둘 수밖에 없는 지경에 이르게 되는 것이다.

그들에게는 커다란 특징이 있다. 항상 시간이 많고 한가하며, 동작이

타인이 힘을 빌려 주는 사람이란?

1. 모든 일을 신중하게 생각하는 사람
2. 책임을 전가하지 않는 사람
3. 목적의식이 확실한 사람
4. 작은 약속이라도 지키는 사람
5. 행동이 정확한 사람
6. 적극적으로 행동하는 사람
7. 인간적인 매력이 있는 사람
8. 확고한 신념을 가지고 있는 사람
9. 명확한 비전을 가지고 있는 사람
10. 남이 보지 않는 곳에서 노력하는 사람

완만하다. 자신의 입장에서 보면 나름대로 생각이 있어서 그렇게 하고 있겠지만 그런 사람 대부분의 행동에는 정확성이 없다. 지각도 잦고 인사하는 법도 없으며 태도는 불량하다. 이처럼 제멋대로 행동하는 어떤 일에도 최선을 다하지 않기 때문에 아무도 도와주지 않는다.

인간은 혼자 힘으로 살아갈 수 없다. 하물며 비즈니스는 더욱 그렇다. 이 당연한 진리조차 이해하지 못하기 때문에 자기중심적으로 행동하는 것이고, 진정한 성인이 되지 못하는 것이다. 문제는 이런 사람들이 너무 많다는 것이다.

적어도 조직의 일원이라면 동료나 거래처의 이해와 협력을 얻는 것은 너무나 중요하다. 남의 힘을 빌린다는 것은 그만큼 진심으로 노력하는 사람이라는 얘기다. 땀을 흘리며 열심히 노력하는 사람은 멀리 떨어진 곳에서 바라보아도 빛이 난다. 주변 사람들의 마음도 쉽게 움직인다.

의욕 없는 사원의 실적이 나쁜 것은 업무의 파트너조차 그 사원을 인정하지 않기 때문이다. 나의 진심을 느끼는 순간 상대의 태도도 진심으로 변한다. 파트너의 힘을 움직이는 것 또한 나의 마음가짐에 달렸다.

헤드헌팅은 임무를 완수해내는 사람의 몫이다

당신은 "우리 회사에 오지 않겠나?"라는 스카우트 제의를 받은 적이 있는가?

만약 제의를 받았다면 당신은 지금 근무하고 있는 회사에서도 높은 평가를 받고 있을 것이다.

종신고용제가 무너진 지금 헤드헌팅의 대상이 될 만한 실적을 이루지 못한다면 남들과 다를 바 없는 평범한 사원이라고밖에 말할 수 없다.

여러 번 설명했지만, 구체적인 성과와 기대감 없이는 미래에도 지금의 회사가 당신을 고용하는 일은 없을 것이다. 적어도 그러한 의식을 가져야 하고 회사에서 매우 소중한 존재가 되어야 한다. 즉 회사를 그만두었을 때 회사에 큰 타격을 남길 수 있는 인재가 아니면 안 되는 것이다.

한 헤드헌터에게 어떤 사람이 표적이 되는가를 물어본 적이 있는데, 그는 다음 세 가지를 예로 들었다.

① 업계 내에서 평가가 높은 사람, 즉 성과를 낼 수 있는 사람

② 상급 수준의 전문 분야 지식을 가진 사람

③ 임무를 완수하겠다는 의지가 강한 사람

회사는 '성과를 낼 수 있는 프로'에 굶주려 있다. 어떤 임무라도 완벽하게 처리하는 프로라면 누구라도 눈독을 들이게 되어 있다.

물론 회사의 입장에서 요구하는 인재는 저마다 다르다. 경영, 재무, 판매, 기술, 연구 분야 등 다양하지만, 공통적으로 요구되는 것은 정해진 기간 내에 기대한 성과를 낼 수 있는지의 여부다.

애초 회사의 급여는 개인의 역할에 대해 지불되는 것이다. 일반 사원이라면 일반 사원으로서의 역할, 과장이라면 과장, 부장이라면 부장의 역할을 확실히 완수해내야 그것에 적합한 급여가 지불되는 것이다. 역할을 완수해 낸다는 것은 자신의 책임과 역할을 알고 회사가 책정하는 경영 목표에 따라 책임을 다해 완수하는 것이다.

그렇게 함으로써 존재 가치도 결정된다. 지금까지는 평균적인 자질이 있고, 그럭저럭 처세에 능하면 어떻게든 조직의 일원으로서 급여를 받을 수 있었다. 그러나 앞으로는 부가가치를 창출하는 능력과 구체적인 행동으로 성과를 낼 수 없는 사람은 낙오자가 된다. 그럭저럭 실패하지

않도록 노력하며 살아가더라도 기업에서는 그러한 행동밖에 할 수 없는 불필요한 인재로 간주되는 것이다.

저 사람이 없으면 곤란해!

이런 말을 듣지 못한다면 진정한 인재라고 볼 수 없다. 더 이상 '인재(人材)'는 필요 없다.

오늘은 '인재'(人財)의 시대다.

1. '될 대로 되라'는 식의 태도는 전부를 망친다. 항상 목표를 향한 시나리오를 쓰고 일을 함으로써 시간도 유용하게 쓸 수 있고, 보다 확실하게 성과를 낼 수 있다.

2. 수많은 업무를 효율적으로 이뤄 내기 위해서는 우선순위를 고려하고, 시간을 분산시켜 스케줄을 세워야 한다. 그러기 위해서라도 지금의 일을 정리해 본다.

3. 매일의 진척 상황을 체크하여 다음날의 스케줄을 생각하라. 그 다음 일주일 단위의 실적을 달성하라.

4. 예상되는 문제점을 파악하면서 업무를 수행하라. 그에 앞서 문제가 발생하지 않도록 사전에 대책을 마련하는 것이 훌륭한 비즈니스맨이다.

5. 납기에 촉박하여 일하지 말고, 미리미리 끝낼 수 있도록 노력하라. 그래야만 실속 있고 실수가 적은 일을 맡을 수 있다. 일에 쫓겨서는 평균점 이하의 일밖에 할 수 없다.

6. 항상 발전하기 위해 노력하라. 더 나아지려는 의지야말로 빠른 두뇌 회전과 의욕을 만드는 원동력이다. 회사는 문제로 가득 찬 곳이다. 자신과 주변을 냉정하게 바라보는 습관을 길러라.

7. 문제를 어떻게 해결하느냐에 따라 비즈니스맨의 능력을 알 수 있다. 매뉴얼만으로는 문제를 해결할 수 없기 때문이다.

8. 적합한 시나리오와 집중력만 있다면 무슨 일이든 성과가 나온다. 그것도 지금까지보다 훨씬 짧은 시간에 할 수 있다. 그것이 당신에게 큰 부가가치를 내는 일이 된다.

9. 마지못해 억지로 일을 해서는 성과가 나오지 않는다. 재미있지 않으면 일이 아니다. 일을 즐길 수 있어야 저절로 성과가 나온다.

07
프로페셔널의
성공 비밀
- 융통성

"능력 있는 사원은 최악의 상황을 오히려 기회로 변화시킨다.
고객의 불만은 회사뿐 아니라 자신의 능력을 최대한 발휘할
수 있는 절호의 기회인 셈이다."

사람은 이용하는 것이 아니라
활용하는 것이다

남의 힘을 빌리기 위해서는 한 인간으로서 최고의 평가를 받아야 한다는 조건이 붙는다. 가능성 있는 사람은 인간적으로도 매력적이지만 사람을 배신하는 법도 없다. 의리와 인정도 구분할 줄 안다. 그래서 상대방에게 좋은 인상을 심어주어 신뢰를 얻는다. 변변한 직장도 없는데, 더구나 함께 일하기 힘든 사람이라면 어느 누구도 힘을 실어주지 않을 것이다.

"저 사람이 그 회사 사원만 아니라면 어느 누구도 상대해 주지 않을 거야. 거래처니까 마지못해 상대하는 거지." 이런 평판의 사람도 있다. 만약 이런 부류의 사람이 자신의 사업을 시작한다면 그때는 아무도 도와주지 않을 것이다.

적극적인 의식을 갖고 있는 사람은 회사를 등에 업고 일하지 않는다. 자기 자신을 상품으로 생각하고 정면으로 부딪히기 때문에 술책을 부릴 필요도 없을 것이다. 인간적인 면모도 뛰어나다. 어떠한 거래처라도 동등한 관계로 이해하기 때문에 자만하는 법도 없지만 필요 이상으로 자신을 낮추지도 않는다. 이 정도면 언제 어떤 상황에 닥쳐도 두려울 것이 없다. 누구라도 기꺼이 힘을 빌려 줄 것이 분명하기 때문이다.

비즈니스란 비록 대기업이든 소기업이든 규모에 상관없이 대등한 관계다. 이 관계를 제대로 이해하지 못하는 사람은 작은 거래처에는 위세를 부리다가도 큰 거래처에서는 쩔쩔 매며 비지땀을 흘린다. 자신에게 이익이 되는 일에만 사람을 이용하고 나 몰라라 해서는 아무도 그의 능력을 인정하지 않는다.

제대로 능력을 평가받고 싶다면 자신의 행동을 점검하라. 그리고 타인의 힘을 빌릴 수 있는 사람이 되도록 노력하라. 다른 사람의 힘은 빌리는 것이지 이용하는 것이 아니다.

신속하고 완벽하게 클레임을 처리하라

적극적으로 도전하는 마음가짐 없이는 고객과 거래처의 불만을 해결하기 어렵다. 까다로운 불만 사항을 완벽하게 처리하는 사람은 우수한 인재다. 여기에는 상품 지식, 상황 판단력, 문제 해결 능력, 절충 능력, 인간성 등 비즈니스맨으로서 요구되는 모든 능력이 필요하기 때문이다.

문제가 발생하여 고객은 예민할 대로 예민해져서 상당히 감정적인 상태다.

이런 경우에 당신이라면 어떻게 할 것인가?

결론부터 말하자면, 상황 파악을 위해서라도 당장 현장으로 달려가야 한다. 시간을 조금도 지체해서는 안 된다. 문제의 장소에 도착해서는 무조건 "죄송합니다."라는 사과부터 하고 상황을 파악해야 한다. 만약 회사의 잘못이라면 머리 숙여 사과한 다음 즉시 문제 해결에 나서야 한다.

고객의 불만 사항을 처리하는 것은 회사의 경영 마인드를 단적으로 드러내는 일이다. 만약 책임이 고객에게 있다 하더라도 "회사로 돌아가 바로 처리하겠습니다."라는 의사를 반드시 전달해야 한다. 불만 사항에 대해 매끄럽게 처리하지 못했다는 이유만으로 다음의 거래가 완전히 무산된 경우도 많다. 따라서 비즈니스에서 이 정도의 미묘한 균형 감각은 반드시 필요하다. 사원 혼자만의 판단으로 결론을 내리기 어려운 경우에는 상사의 지시를 따르도록 한다.

가장 중요한 것은 진지한 대응이다. 고객의 입장에서는 불성실한 대응만큼 불쾌한 일도 없을 것이다.

1대29대300의 법칙 (하인리히 법칙)

하인리히 법칙은 안전법칙으로 유명하지만 가정이나 회사 기타 모든 부문에도 적용되는 위험관리, 예방관리에 적용할 수 있는 법칙이다.

1930년대 초 미국 한 보험회사 관리였던 H. W. 하인리히가 고객

상담을 통해 사고를 분석해 본 결과, 노동 재해가 발생하는 과정에 중상자 한 명이 나오면 그 전에 같은 원인으로 발생한 경상자가 29명, 또 운 좋게 재난은 피했지만 같은 원인으로 부상을 당할 뻔한 잠재적 상해자가 300명이 있었다.
즉 '1대29대300'의 법칙이 발견되었다.

비즈니스는 숨겨진 지뢰밭을 걸어가는 것과 같다. 단 한 번의 치명적 실수로 일을 그르치는 경우가 많다.
그러나 큰 사고가 있기 전에는 반드시 전조가 있게 마련이다. 큰 재앙을 불러올 작은 징후를 무시하지 말아야 한다. 잘 나갈 때일수록 오만을 주의하고 사소한 문제라도 그냥 넘기지 않고 철저하게 대비하는 자세가 필요하다.

'사람들은 보고 싶지 않은 것을 보지 않으려는 본성 때문에 큰 실패에 대비하지 못한다.'
- 도쿄대 하타무라 요타로 교수의 말을 새겨 보자.

Tip 위기와 기회

위기와 기회의 차이는 무엇인가?
위기는 나를 어렵게 하는 악재인가?
그럼 기회는 나를 좋게 하는 호재인가?

클레임은 새로운 기회다

'고객 만족'은 기업에게 주어진 영원한 과제다. 회사의 이익보다 고객의 만족을 우선으로 할 때 결과적으로 큰 이익이 발생할 수 있으며 지속적인 비즈니스도 가능해진다.

있어서는 안 될 불만들이 오히려 새로운 비즈니스의 기회를 열 때도 있다. 고객의 불만 사항을 제대로 처리할 경우, "저 회사는 신용할 수 있다." 혹은 "매우 만족스럽다."라는 평가를 받을 수도 있기 때문이다.

능력 있는 사원은 최악의 상황을 오히려 기회로 변화시킨다. 고객의 불만은 회사뿐 아니라 자신의 능력을 최대한 발휘할 수 있는 절호의 기회인 셈이다.

고객의 입장에서 문제가 만족스럽게 해결되었을 때 "저 정도로 신속하고 성실하게 처리하는 사원이라면 더 큰 일도 맡길 수 있겠다.", "저 사람이라면 다른 업체를 소개하고 싶다."라는 인상을 심어 주는 것이다. 이처럼 고객의 심리를 알고 행동하면 비즈니스는 성공하기 마련이며, 보통 이상의 성과도 당연히 이루게 되는 것이다. 문제가 발생하는 것이 당연하다고 안일하게 생각하여 적당히 처리한다면 논할 가치도 없다.

비즈니스의 기회는 두 번 다시 오지 않는다.

호미로 막을 건 속히 호미로 막자. 머뭇거리다간 가래로도 못 막게 된다. 잘못했다고 판단되면 즉각 확실하게 사과하라. 미적거리다 진정으로 사과할 때를 놓치면, 그 여파는 일파만파! 명예 실추는 물론 모든 걸 망치게 된다.

1. 일본의 유키지루시 유업

고객의 식중독 사고가 막 터졌을 때, 자사 제품과는 무관하다고 얘기했다. 다른 고객들이 속속 입원하는 데도 이런 자세로 1주일을 버텼다. 그러나 이 회사는 우유에서 식중독균이 검출되면서 75년간 쌓았던 명성을 하루아침에 잃어버리고 말았다.

2. 일본계 타이어 회사 파이어스톤사

자사 타이어가 장착된 자동차를 타다가 사고를 당한 고객이 제기한 제품 결함 의혹에 대해 처음에는 철저히 부인했다. 그러나 타이어 결함을 은폐하고 있다는 의혹이 인터넷을 통해 급속히 확산되면서 파이어스톤스는 650만 개의 타이어를 회수해야 했다. 이 회사는 이 사고로 3억 5,000만 달러의 손실을 보았고 결함을 인정했던 첫날 38%의 주가 급락을 경험해야 했다.

≫ 고객의 불만은 나의 기회다!

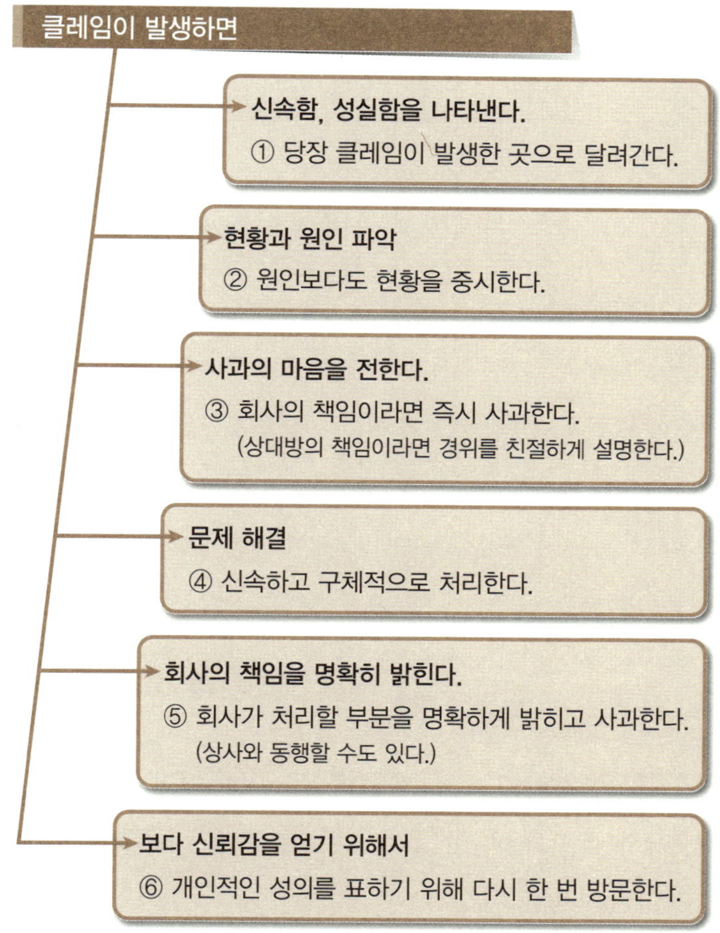

3. 일본의 전기 및 전자기기 제조기업 도시바

도시바의 VTR 애프터서비스의 한 담당자는, 고객에게 욕설을 퍼부었고 이 내용은 고스란히 인터넷에 중계됐다. 이 회사는 초기에 통화 내용을 삭제하고 가처분 신청을 통해 은폐하려 했으나 인터넷 접속 회수가 200만 번을 넘으면서 사회적인 문제로 비화됐다. 결국 회사는 무릎을 꿇고 공식 사과했다.

클레임 대처법 포인트

같은 문제라 해도 고객에 따라 다르게 표현할 수 있는 법이고 대응 방법 또한 정해진 답이 없다.

고객의 말투와 태도를 유추해 어떠한 점에 불만을 느끼고 있는지 찾아내는 것이 중요하다. '어떻게 하면 화내는 고객을 기분 좋게 할 수 있을까?'를 염두에 두고 대응하는 습관을 가진다면 클레임이 줄어든 동시에 서비스 수준은 높아질 것이다.

1. 상황별 클레임 대처법 간구

평소 상황별 클레임 대처법을 만들고 거기에 성별과 지위 등을 메모해 두고, 문제 발생 시 데이터를 활용해 신속히 대처한다.

2. 클레임의 원인을 알고 대응

클레임 발생의 경위를 설명할 것. 책임자가 그 책임을 인지한 이상 정중한 사과는 기본이자 필수!

사태가 커지는 것을 두려워 말을 아낀다면 오히려 불신감을 유발

할 가능성이 있다.

3. 고객이 말하는 의미를 정확히 파악

고객의 발언을 액면 그대로 해석하지 말 것. 때론 '가시 돋친 말'
처럼 적의를 품고 있을 수 있다.

클레임 응대를 포함한 고객 서비스 시에는 고객의 말투나 행동
어느 것 하나 소홀히 해서는 안 된다.

클레임에 대한 실제 기본 대응

1. 사과한다.

2. 변명하지 않는다.

3. 듣는다.

4. 신속히 대응한다.

5. 정중하게 예를 갖춘다.(90도 인사)

6. 한쪽 무릎을 꿇고 대응한다.
   → 내려다보는 고객의 목소리 낮아짐.

7. 아는 체하지 않는다.

8. 전문용어를 사용하지 않는다.

9. 상사에게 보고한다.

10. 다시 한 번 죄송하다고 진심으로 사죄한다.

비즈니스에 정답은 없다,
유연한 사고를 하라

"변화할 것인가, 말 것인가."라는 기로에서 내가 지금까지 해온 경험을 통해 익힌 노하우를 소개한다.

그러나 이것은 나의 방법일 뿐 당신의 것은 아니다. 나는 당신이 자신의 노하우가 되도록 실행에 옮겨 그것이 당신을 지키는 진짜 힘이 되기 바란다. "정말 그렇군." 하는 부분이 있으면 조금씩 실천하여 자신의 노하우가 되도록 노력하면 된다.

비즈니스에서 필요한 것은 아이디어다. 그러나 아이디어에 앞서 지식과 정보가 필요하다. 지식을 배우고, 안테나를 사방에 두어 정보를 입수하여 분석하고, 그것들을 비즈니스에 도움이 되는 지혜로 바꿀 수 있는 사람은 머리가 유연한 사람이다. 이런 사람이야말로 모두가 깜짝 놀랄 만한 신상품을 개발하거나, 판매망을 개척할 수 있다. 그러나 획일적인 생각밖에 할 수 없는 사람은 놓인 레일 위를 달릴 수는 있어도 스스로는 레일을 직접 놓지 못한다. 스스로 생각하고, 궁리하고, 자신만의 지혜를 몸에 익히는 것으로 인간은 성장하는 것이다.

비즈니스에는 정답이 없다. 정답은 없지만 성과는 요구하는 것이 비즈니스의 본질이다. 그러므로 정답에 이르는 이론이나 방법은 무수히 많이 존재한다. 따라서 아무리 곤란한 일이라도 절대로 불가능한 경우는 있을 수 없다. 유연한 발상으로 다양한 시점에서 생각하면 효과적인 수단과 방법을 찾을 수 있다. 그것이 일을 즐겁게 한다.

상품을 개발할 때도 "참, 너무나도 당연한 기획이군."이라는 말이 나오는 기획보다는 "하하하." 하고 큰 소리로 웃게 만드는 기획을 제안하기 바란다. 비웃음을 당해도 상관없다.

자존심이란 "나는 이래야 한다."라는 신념을 바탕으로 행동하는 것이다. 자신의 스타일과 다른 행동을 함으로써 상처를 입는 것이 자존심인 것이다. 사람들로부터 비웃음을 당해 창피를 당했다고 생각한다면 한심한 자기애를 너무나도 중요하게 붙들고 있기 때문이다. 그런 자기애라면 방해가 될 뿐이다. 그런 것은 빨리 버려야 한다.

비즈니스맨은 훨씬 더 머리를 빠르게 움직여야 한다. 그러기 위해서는 하나의 현상을 다양한 각도에서 보는 습관을 기르는 것이 가장 좋다. 그렇게 하면 머리가 유연해지는데, 그것이 문제 해결이나 새로운 상품 개발로 이어지는 것이다. 또 경험에 지나치게 의지하는 일도 사라지게 된다.

많은 기준을 가져라

고지식한 생각에 머물면 가치관도 좁아진다. 그러면 가치관 자체의 범주가 좁아지기 때문에 당연히 인간관계의 폭도 좁아지게 마련이다. 따라서 인맥도 늘지 않는다. 이런 식이라면 임기응변이나 융통성이 필요한 일은 할 수 없게 된다.

더구나 사람이 고지식하면 인간의 본질을 알 수 있는 기준도 적어진다. 그렇게 되면 다루기 어려운 상대와는 사귀지 않으려고 하거나 자신이 나설 수 없는 곳에는 가려고도 하지 않는다. 또 있는 그대로의 순수한 마음으로 사람을 바라볼 수 없기 때문에 자신의 좁은 소견이나 생각을 무리하게 강요하기 쉽다. 결국 타인과 좋은 유대관계를 가질 수 없어서 문제를 일으키게 되는 것이다.

조금이라도 싫은 소리를 들으면 금방 예민해지는 사람이 있는데 이 또한 사람을 판단하는 기준이 적기 때문이다. 요컨대 인간적인 수용력이 좁은 것이다. 머리가 유연하지 못한 사람일수록 비즈니스에서의 수용력이 좁고 살아가는 방법 자체도 융통성이 없다. 이처럼 스스로 많은 기준을 가지고 있지 못한 상태에서 자신의 범주를 벗어난 일을 접하게 되면 금방 불안해진다. 또 정신적인 부담이 큰 경우, 무의식중에 도망치고 싶어진다.

"관점을 바꾸면 좋은 방법을 찾을 수 있을 텐데." 하고 생각하기도 한다. 단편적인 생각밖에 하지 못하는 사람은 이제까지의 삶도 그렇게 살아온 경우가 많다. 스스로의 판단과 사고에 의해 살아오지 않은 것이다. 이런 사람들은 유감스럽지만 자신의 허물을 벗고 넓은 세상으로 나올 수 없다.

꼭 '한다'는 마음으로 관점을 바꿔 보기 바란다. 그렇게 하면 당신은 반드시 변할 수 있다. 일이든 인생이든 관점을 약간 바꾸는 것만으로도 의외의 발전이 올 수 있다. 사람도 여러 각도에서 바라보고 호기심을 갖고 많은 사람을 만나보자. 그렇게 하면 반드시 즐거워질 것이며, 기회도 늘어날 것이다.

일이 싫거나 성과가 나오지 않는다면 관점과 방법을 바꿔 보자. 사용 방법에 따라 머리는 자유자재로 힌트를 준다. 모든 상황은 생각하기 나름이고, 머리는 사용하기 나름이다. 두뇌를 마음껏 활용한다면 즐거운 경험이 늘어난다.

머리가 유연한 사람일수록 다양한 경험의 세계가 열린다.

유연한 발상으로 자신을 바꿔라

유연한 발상을 할 수 없을 때 우리는 매너리즘에 빠지게 된다.

그렇게 되면 생각하는 힘이 없어지고, 이 상황을 방치하면 새로운 일에 도전하는 두뇌가 불가능하다.

그러므로 머리에 활력을 불어넣자. 그러기 위해서는 생활에 활력을 불어넣는 일부터 시작해야 한다. 인간은 기본적으로는 나태한 동물이다. 하물며 평화로운 생활로 인해 위기감이 사라졌다면 무슨 일이든 활력을 찾는 일이 가장 중요하다. 유연한 사고가 유연한 행동을 부르고 새로운 발견으로 이끈다. 오늘의 기업은 그런 두뇌를 요구하고 있다.

생활 패턴이나 업무 스타일을 의식적으로 바꿔 보자. 반드시 새로운 일상을 발견하게 된다. 예를 들어 아침에 1시간 정도 빨리 출근한다고 하자. 심지어 늘 타는 전철도 다르게 느껴진다. 회사에 도착할 때까지

시달릴 일도 없고, 전철 안에서 신문을 읽거나 공부할 수도 있다. 회사에 도착하면 전날에 하다 남은 일도 조용한 환경 속에서 단숨에 끝낼 수 있다.

이런 것들은 누구나 알고 있는 사실이다. 겨우 1시간 빨리 일어나면 되는데 많은 사람들이 실천하지 못하는 일이기도 하다. 만약 당신이 평균적인 업무밖에 할 수 없다면 우선은 활력 넘치는 유연한 머리를 만들어야 한다. 그러면 하고자 하는 마음도 커지게 된다. 그것이 행동력을 향상시켜 결국 평가도 높아지는 것이다.

비즈니스맨이라면 지금의 환경에 안주해서는 안 된다. 경제 환경은 점점 빠르게 움직이고 있기 때문에 머리를 유연하게 하여 자신을 바꿔야 한다. 30대라면 고집으로 버틸 일은 없다. 편견이나 경험 같은 것은 버려야 한다. 그래야 새로운 것을 빨리 흡수할 수 있다.

30대의 두뇌는 아직 녹슬지 않았다. 아니, 오히려 최고의 정점에 올라 있다. 40대나 50대가 되면 아무리 머리를 유연하게 쓰려고 해도 마음대로 움직이지 않는다.

머리와 체력은 기회가 주어졌을 때 제대로 써야 빛을 발하는 법이다.

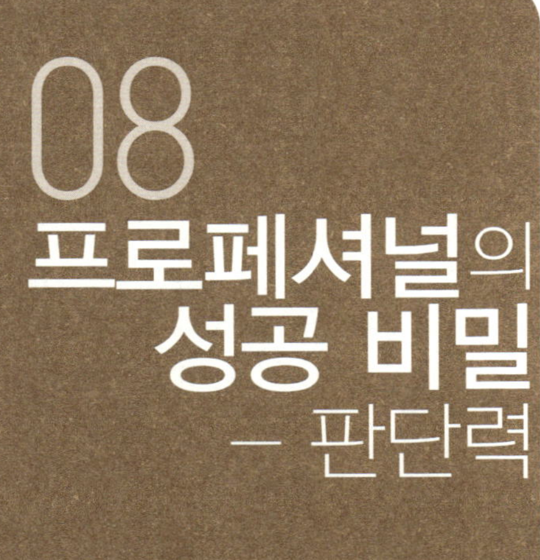

08
프로페셔널의 성공 비밀
— 판단력

“자신의 하루를 반성해 보자.
항상 똑같은 일상을 반복하면서 짜증을 내고 있지는 않은가?
왠지 뭔가 부족하다고 느끼고 있지는 않은가?”

08 프로페셔널의 성공 비밀 – 판단력

자주성이 없으면 판단력도 없다

요즘 젊은 사원들 사이에서는 남에게 의지하는 성향이 유행이 아닌가 싶다. 하나에서 열까지 모두 적극적인 자세는 찾아보기 힘들고, 일이 끝났어도 자리에 앉아 상사의 지시를 기다린다. 물론 자신은 그런 행동이 올바른 것인지 의문조차 느끼지 못하는 것 같다. 다시 말해 전형적인 수동형 인간이 늘어나고 있는 것이다. 보고, 연락, 상담이라는 사내의 규율도 이해하지 못하니, 이래서야 보통 이하의 사원만 넘쳐 나는 셈이다. 회사의 경영 방침이나 부서의 목표는 자신과 상관없는 일이라고 믿고 있는 모양이다. 일을 너무 우습게 여기고 있을지도 모르겠다. 아무튼 일을 제대로 처리하려는 의식이 턱 없이 부족하게 보인다.

회의에 참석해서도 메모나 질문도 하지 않는다. 회의의 의미조차 이해하지 못하는 것이다. 이런 수준의 사람이라면 누군가로부터의 지시 없이는 움직이지 않는다.

아마도 지금까지 스스로 판단하여 행동했던 경험도 거의 없을 것이다. 부모로부터 "저 학원에 가라.", "학교는 여기로 해라.", "저런 친구와 놀아서는 안 된다." 등등 사사건건 지시받고 그것을 당연한 일로 여기며 살아왔을 것이다.

자율성 없이는 자신만의 판단력도 없다. 하지만 비즈니스에서는 매 순간 적절한 판단력이 요구된다.

- 회사의 경영 계획은 어떻게 되어 있는가?
- 부서의 목표는 무엇인가?
- 자신은 지금 회사에서 어떤 업무를 하고 있는가?
- 업무를 처리하기 위해서는 어떻게 행동해야 하는가?
- 실천하는 데 어떤 제약 조건이 있는가?

이런 문제에 관해 생각해 본 적도 없다면 지금부터라도 고민을 시작하라. 이 정도는 머릿속에 그리며 일하고 있어야 보통 사원의 한계를 넘을 수 있다.

Tip 직장인 관련 신조어들

갤러리 직장인
– 회사에 협조는 별로 하지 않으면서 회사 돌아가는 것을 구경만 하는 주인 의식이 희박한 직장인을 골프 대회의 갤러리에 비유한 말.

남이 보지 않는 곳에서 더 많이 노력하라

가능성을 인정받는 사람은 남모르게 많은 노력을 한다. 노력 없이는 성과도 없다는 사실을 잘 알고 있기 때문이다. 비즈니스의 시작은 바로 여기에 있다. 반면 말에 비해 성과가 나오지 않는다면 결국 노력이 부족하기 때문이다. 그런데도 할 수 없는 이유를 이것저것 생각해 내어 변명만 앞선다면 비즈니스맨으로서의 생명은 길지 못할 것이다.

실적이 뛰어나거나 자신보다 더 나은 일을 하는 사람이 당신에 비해 더 많이 노력한다고 생각하지 않는가? 더 열심히 아이디어를 낸다고 생각하지 않는가?

틀림없이 그들은 당신이 보지 않는 곳에서 열심히 노력하고 있을 것이다. 타고난 능력 때문이 아니라, 스스로의 노력으로 성과를 거두는 것이다. 그러므로 자신의 능력을 탓하기 전에 목표를 향해 노력을 아끼지 않아야 한다.

나는 "능력이 없어."라고 말하는 사람들에게 "그렇지 않아! 노력이 부족할 뿐이야!"라고 소리 높여 외치고 싶다. 스스로 노력하려는 마음 없이는 의지하고 싶은 마음만 커져 결국 책임감마저 사라지기 쉽다.

비즈니스 사회에서는 자신에게 주어진 목표를 달성하지 못하면 제 몫을 해내는 사람으로 인정받지 못한다. 목표에 미치지 못하더라도 어떻게든 이해해 줄 거라는 생각은 절대 통하지 않는다. 따라서 자신의 성과가 부족하다면 사람들이 보지 않는 곳에서 더 많은 노력을 실천해야 한다.

어떤 회사에서는 상사가 없을 때 사원의 행동을 관찰, 평가하여 승진에 반영하기도 한다. 그야말로 핵심을 찌르는 방법이다. 리더가 될 사람에게는 "상사가 없으니까 내가 더 열심히 일해야 해."라는 책임 의식이 필요하기 때문이다.

문제를 느꼈다면 지금 당장 행동 패턴을 바꿔라

자신의 하루를 반성해 보자.

항상 똑같은 일상을 반복하면서 짜증을 내고 있지는 않은가?

왠지 뭔가 부족하다고 느끼고 있지는 않은가?

당신은 항상 같은 사람과 시간을 보내는가?

누구와 사귀든 자기 마음이지만, 사귀는 사람에 따라 많은 영향을 받는 것이 인간의 특성이다. 따라서 이왕 사귀려면 나쁜 면보다는 좋은 면이 많은 사람과 만나야 한다. 비즈니스맨에게 가장 나쁜 만남은 서로의 상처를 덮어 주는 사이다. 이것은 약한 심성의 사람들이나 주고받는 관계다.

먼저 작은 행동 하나부터 새롭게 바꿔 보는 것이 좋다. 매일 아침 같은 시간에 일어나 같은 전철을 타고 같은 사람과 점심을 먹는 일상적인 행동부터 변화를 주는 것이다. 출퇴근 방법을 바꿔 보는 것만으로도 평소와 다른 무엇인가를 발견하게 된다. 이 '무엇' 자체를 새로운 행동 방식으로 발전시킬 수 있다면 금상첨화다. 몸도 마음도 상쾌한 기분을 느낄 수 있을 것이다. 지금까지 느끼지 못했던 새로운 경험에 새삼 마음이 설렐지도 모르겠다.

의욕 상실의 대부분은 매너리즘에 빠져 있을 때 찾아온다. 그럴 때는 머리를 깨끗이 비우고 땀을 뻘뻘 흘리며 걷는 것만으로도 재충전의 시간을 가질 수 있다. 나는 종종 사무실에서 집까지 걸어가곤 한다. 대략 60킬로미터 정도 되는 거리인데 족히 5시간은 걸린다. 자전거를 이용할 때도 있다.

평소에 하지 않던 일에 의식적으로 도전하면 점차 시야도 넓어지고, 지금까지의 틀에서 벗어나는 방법도 찾을 수 있다. 힘들다는 이유로 숨을 곳만 찾아서는 아무것도 해결되지 않는다. 도전하는 마음은 아주 작은 용기에서 출발한다.

Tip **비즈니스맨의 휴대전화 예절 7계명**

1. 전화를 걸었을 땐, 자신의 소개를 먼저.
2. 통화 시 상대방이 알아듣기 좋도록 또박또박 천천히 말할 것.
3. 가능하면 통화는 밖이나 다른 장소로 옮겨서

지금까지의 경험을 과감히 버려라

더 나은 자신을 보고 싶다면 지금까지의 경험은 모두 잊어라. 단 한 가지 습관도 고집하지 말고 완전한 백지 상태로 돌아가라. 성공의 기쁨도 실패의 쓴맛도 함께 지워라.

지난 경험에 집착하다 보면 현재의 틀에 안주하게 된다. 회사의 경영 역시 지나치게 경험에 의존하게 되면 다음 단계의 사업으로 발전하기 어렵다. 회사의 구성원은 사람이다. 사람의 경험만을 우선으로 생각한다면, 회사도 사람도 물이 고이듯 한 자리에 머물게 된다. 유연한 사고 방식은 시야를 넓혀 줄 뿐 아니라 새로운 도전을 가능하게 하는 힘이다. 360도 성공하는 내일을 위해 자신을 변화시켜라!

나만의 파워를 가져라

스스로 힘을 키우지 못하면 조직에서 살아남기 어렵다. 나만의 무기를 갖추고 있어야 한다. 다시 말해 '온리 원(Only One)'의 힘을 키워야 하

나를 변화시키고 싶다면

- 좀 더 좋은 방법은 없을까?

- 좀 더 유익한 정보는 없을까?

- 좀 더 기쁘게 될 수 있는 일은 없을까?

- 좀 더 기뻐하게 할 수 있는 방법은 없을까?

- 가끔은 아무 생각 없이 놀아 보면 어떨까?

- 항상 사귀고 있는 사람이 아닌 다른 사람과 만나 보면 어떨까?

- 좀 더 큰 목표에 도전해 보면 어떨까?

- 다른 분야를 공부해 보면 어떨까?

360도 바꿔 봐라!

는 것이다.

　힘을 갖지 못한 기업은 고전하지만 규모는 작아도 '온리 원'의 힘을 가진 회사는 불경기에도 성장을 거듭한다. 뿌리가 썩은 덩치 큰 나무보다 싱싱한 작은 나무의 가치를 더 높이 사는 것과 같은 이치다. 기업도 개인도 마찬가지다. 단 한 가지라도 강한 무엇인가를 갖고 있으면 그것이 바로 무기가 된다.

"이것만은 아무에게도 지지 않는다."라고 자신할 수 있는 한 가지를 키워야 할 때다. 특히 30대 사원이라면 이렇다 할 무기 하나쯤은 있어야 한다. 리더십을 갖추는 것은 그 다음 단계다.

특별한 사람이 더 주목 받는 시대다. 한 우물만 파는 '전공파'여서도 안 되며, 모든 분야를 그럭저럭 알고 있는 '박학다식파'여서도 곤란하다.

평범한 업무밖에 할 수 없는 사원은 기업 경영에 아무런 도움도 되지 않는다. 언제까지나 유유자적하며 느슨한 자세를 취하고만 있어서는 안 된다. 지금 당장이라도 당신의 존재를 회사에서 인정받아야 한다. '온리원'의 힘은 보통 이상의 사원이 되는 지름길이다.

나만의 파워를 갖고 싶다면

- 나밖에 할 수 없는 일은 무엇인가?
- 지금 내가 하고 싶은 일은 무엇인가?
- 끝까지 하고 싶은 일은 무엇인가?

비즈니스는 다른 사람의 협력으로 이루어진다

비즈니스는 절대로 혼자서 할 수 없다. 상대가 있어야 비로소 성립되는 것이 비즈니스다. 아무리 좋은 물건이 있어도 그것을 사 주는 누군가가 없으면 비즈니스는 이루어지지 않는다.

이 당연한 진리를 우리는 쉽게 잊어버린다. 심지어 상대와의 약속을 하찮게 여기는 경우도 있는데, 이런 실수를 반복하는 사람은 결국 아무도 상대해 주지 않는다. 물론 비즈니스 사회에서도 다른 사람의 힘을 빌리기 어려워진다. 작은 약속도 지키지 못하는 사람은 절대 신용을 얻을 수 없다. 게다가 대부분은 "저 사람은 신용할 수 없어." 하고 단정 짓기 때문에 상황은 더 어려워진다. 상대의 달라진 태도에 이유를 찾지 못하는 사람도 있다. 이런 사람들은 상대방의 입장을 생각하지 않기 때문에 약속 시간에 늦더라도 문제의식을 갖지 않는다. 일의 완성도는 뛰어난데, 납기가 한두 달씩 늦어지는 사람들도 있다. 자신의 근무 태만으로 인해 상대방이 곤란해진다는 사실을 이해하지 못하기 때문이다.

기본이 확실하지 않으면 변명의 여지가 없다. "미안합니다."로 끝나지 않는 것이 비즈니스의 철칙이다. 또한 납기, 가격, 품질이라는 세 가지 조건을 만족시키지 못하면 아무 의미가 없다. 어느 한 가지만 부족해도 대금은 지불되지 않는다. 이 점을 절대 잊어서는 안 된다.

자기중심적인 사고방식은 금물이다

어떤 중견기업에서 M이라는 사원이 결혼을 하게 되었다. 그래서 결혼식에 참석해 달라고 상사나 동료에게 부탁했는데, 대부분의 사람들이 거절했다.

이유는 간단하다. 그는 평소 사내에서 사람을 사귀어 본 적이 한 번도 없었던 것이다. 퇴근 후에 상사나 동료가 식사나 술자리를 권해도 "저는 그런 건 싫어합니다."라고 계속 당당하게 거절해 왔다. 점심도 혼자 먹는 경우가 대부분이고, 어울려 먹는다고 해도 극히 일부에 불과했다. 능력은 뛰어나지만 일하는 시간 이외에는 사람들과 전혀 어울리지 않았던 것이다.

그런 사람이 "결혼식에 참석해 주시겠습니까?"라고 부탁한다면 '농담하지 마시지! 평소 친하지도 않은데 좀 뻔뻔하지 않아?'라고 생각되는 것이 솔직한 심정이다. 그런데 이 독불장군 사원은 상사가 거절하자, "그렇게 말씀하시면 곤란합니다. 부하 직원의 결혼식에 참석하시는 것이 예의가 아닌가요?"라고 대답했다고 한다. 그 사람이야말로 정말 예의를 모르는 것이 아닌가? 업무 외에는 말 한번 제대로 건넨 적 없는 사람에게 결혼식이라는 개인적인 일에 축하를 보내고 싶은 마음은 들지 않을 것 같다.

사람은 혼자서는 살아갈 수 없다. 일도 그렇다. 반드시 누군가의 협력이 필요하다. 인간관계를 제대로 유지하지 못하면 어려울 때 사람의 힘을 빌릴 수 없다. 자기중심적인 사람은 회사뿐만 아니라, 지역 사회에서도 쉽게 받아 주지 않는다.

또 이런 이야기가 있다.

한 남자가 퇴직할 당시 회사에 대한 불만 때문에 업무조차 인수인계하지 않고 기세등등하게 그만두었다. 당연히 남은 사람들은 그 뒷수습을 하느라 굉장히 애를 먹어야 했다. 그런데 얼마 지나지 않아 프리랜서로 일하고 싶다는 부탁을 했다고 한다. 일언지하에 거절당했음은 물론이다. 서슴없이 불만을 토로하고 회사를 그만둔 사람이 다시 찾아와 아쉬운 부탁을 한다는 자체가 상식 밖이다.

아무리 불만이 있다 하더라도, 몸담았던 회사를 그만둘 때는 뒷모습을 깔끔하게 남길 필요가 있다.

나는 새는 뒤를 어지럽히지 않는다. 사람도 떠나는 뒷모습이 중요하다. 회사를 그만둘 때 "저 사람은 역시 괜찮은 사람이야."라는 말을 들을 수 없다면 다른 회사에 취직을 하거나 독립을 하더라도 결코 성공할 수 없다.

21세기가 요구하는 직장인의 제7의 감각, 유머 감각!

지루하고 딱딱한 회의 시간에 유머는 물과 기름처럼 어울리지 않는다는 게 정설. 하지만 시대가 바뀌었다. 유머 감각은 더 이상 회식 자리에서나 필요한 게 아니다. 최근 몇 년 동안 기업들은 유머 경영 혹은 펀(fun) 경영에 몰두해 왔다. 생산성을 높이는 방법 가운데 즐겁게 일하는 것 만한 게 없다는 생각에서다. 그렇다고 유머를 섣불리 구사하는 건 금물! 어설픈 유머는 자살 행위다. 공식 석상에서의 유머는 회식 자리와 달리 맥락에 맞으면서도 지적이고, 임직원들이 공감할 수 있는 것이어야 한다.

◇사우스웨스트 에어라인의 기내 방송

"담배를 피우실 분은 밖으로 나가, 비행기 날개 위에 앉아 마음껏 피우셔도 됩니다. 흡연 중 감상하실 영화는 '바람과 함께 사라지다'입니다."

※미국 항공사 사우스웨스트 에어라인은 유머 경영의 원조 격. 이 회사의 CEO인 허브 갤러허는 유머 경영을 통해 미국에서 가장 존경받는 경영자로 떠올랐다. 일반적인 기내 방송은 이렇다. '기내에서는 흡연을 하실 수 없습니다. 만일 흡연을 하실 경우 벌금형에 처해질 수도 있습니다.'

09

프로페셔널의 성공 비밀

— 규칙 준수

"누구나 도망갈 길을 찾고 싶어 하고 더불어 편안히 살고 싶
어 한다.
그러나 현실은 냉정하다. 일을 하지 않으면 돈을 벌 수 없다.
하늘에서 돈이 떨어지는 일은 결코 없다."

09 프로페셔널의 성공 비밀 – 규칙 준수

한계에 도전하는 즐거움

사람은 저마다 살아가는 방식이 다르다.

비즈니스 사회가 싫어 노숙자 생활을 선택하는 사람도 있고, 그런 사람을 오히려 부러워하는 사람도 있을 것이다. 모든 걱정에서 벗어나 자유롭게 살고 싶다고 생각하는 것은 나뿐만이 아니다.

그러나 일하기 싫어서, 노력하는 것이 힘들어서, 혹은 모든 것이 귀찮아져서 도망치는 삶에는 중요한 부분 하나가 비어 있다. 바로 책임감이다.

실제로 모든 것으로부터의 도피 행각을 벌일 수 있는 사람은 극히 일부에 지나지 않는다. 대부분의 사람은 생각뿐이지 정작 실천에 옮기지는 못한다. 스트레스를 받으면서도 일을 그만두지 못하는, 남들과 비슷한 평범한 일상을 보내고 있을 것이다.

- 당신은 지금까지 자신의 한계에 도전해 본 적이 있는가?
- 최선을 다해야 할 때, 그 상황을 외면하지는 않았는가?

일도 인생도 스스로 책임지는 것이다. 자신의 일을 우습게 여겨서는 곤란하다. 지금 하고 있는 일을 소중하게 생각하지 못하면 성과도 없이 실수만 연발하게 된다. 상사에게 의지하는 태도도 곤란하다. 일이 꼬일 때마다 "국가나 자치 단체가 도와줄 것이다." 혹은 "상사가 어떻게든 해줄 것이다."라는 안일한 사고방식에 빠지기 때문이다.

"입시 공부는 열심히 했었는데 일에는 좀처럼 집중이 안 된다."라고 하소연하는 사람들이 있다. 이유는 간단하다. 입시 공부야 대학에 들어가고 싶다는 구체적인 목표가 있었지만, 일이라는 것은 눈앞에 보이는 목표를 세우기 어렵기 때문이다. 뚜렷한 목표가 없으니 의미 없이 보내는 날들이 많아지고, 그러다 보면 한계에 도전하는 의지도 사라지게 된다. 한마디로 도전 의욕 자체를 잃어버리는 것이다.

준비되지 않은 영업 사원이 있다고 하자. 영업점 몇 군데를 어슬렁거리다가 남은 근무시간을 어떻게 채울지 몰라 종일 방황하고 있을 것이다. "한 군데라도 더 돌아보자."라는 결심은 간 데 없고 커피숍이나 게임방에서 지루하게 시간을 때우고 있을 것이 분명하다. 당연히 목표는 달성할 수 없기 때문에 회사에 어떤 변명을 늘어놓을지에 대한 생각만 가득할 것이다.

이처럼 소극적인 마인드로 일하는 사원이라면 구조 조정을 당하거나 구조 조정을 당하기도 전에 보이지 않는 압력을 견디지 못해 회사를 떠나게 될 것이다. 더 나쁜 것은 다음 회사로 옮긴 후에도 문제의 업무 패턴은 달라지지 않는다는 점이다.

마인드에 변화가 없는 한 회사를 옮긴다고 해도 발전이 있을 리 없다. 한 회사에서 성과를 내지 못한 사람이 회사를 옮긴다고 성과를 낼 수 있는 것은 아니다. 남의 떡이 좋아 보이겠지만 어떤 회사에 들어가도 현실은 냉정하다.

- 혹시 당신 주변에서 떠오르는 사람이 있지는 않은가?
- 혹시 그게 바로 당신 자신은 아닌가?

한다고 정하면 '도망갈 길'을 봉쇄하라

인간은 나약한 동물이다.

누구나 도망갈 길을 찾고 싶어 하고 더불어 편안히 살고 싶어 한다.

그러나 현실은 냉정하다. 일을 하지 않으면 돈을 벌 수 없다. 하늘에서 돈이 떨어지는 일은 결코 없다. 회사에 근무한다면 그 조직에서 좋은 평가를 받을 수 있도록 일해야 한다. 그것이 싫다면 혼자 독립해서 일하는 길뿐이다. 생존의 법칙 앞에서 도망갈 길은 없다.

물론 자유롭다는 이유로 아르바이트만 고집하는 사람도 있다. 그들이 아르바이트만 원하는 이유는 책임지는 업무에서 벗어나고 싶기 때문일 것이다. 또한 "자기가 무엇을 하고 싶은지 모르겠다."라는 사람도 있는데, 그것은 살아가는 것을 너무 쉽게 여기기 때문이다. 심지어 유사시에는 '부모 = 도망갈 길'이라는 공식을 앞세우기도 한다. 심지어 멋진 성인이 되어 있어야 할 30대인데도 아르바이트만 하며 살아가기도 한다.

그들은 하나같이 "무엇을 하고 싶은지 모르겠다."라고 말한다.

이들 모두 삶의 방식은 자신을 속이며 살아가는 방법이다. 실제로 해보지 않으면 어떤 직업이 자신에게 맞는지 정확히 알 수 없다. 그런데도 그들은 "해봐야 비로소 알게 된다."라는 사실을 이해하지 못하고 자신의 나약한 마음으로부터 도망치고 싶어 한다. 하지만 이 상황에서 빨리 벗어나지 못하면 해를 거듭할수록 자신의 삶에 대한 허무함만이 더욱 커질 뿐이다.

반면 세상에서 성공하여 인생을 즐기며 사는 사람들을 보면 그들은 자신의 나약함을 이기고 스스로 빠져나갈 구멍조차 막아 버린다. 그리고 자신을 채찍질하며 열심히 노력한다. 즉, 그들은 "열심히 노력한다."라는 것은 "도망갈 길을 차단하고 앞만 보고 열심히 달려가는 것"이라는 말을 실천하고 있는 것이다.

"도망갈 길을 막는 삶의 방식은 구차하다."라고 말하는 사람도 있는데 그런 일은 절대로 없다.

실천을 통해 지금까지 경험해 본 적 없는 만족감을 느낄 수 있다.

역경을 헤쳐 나갈 잠재력은 누구에게나 있다

누구라도 힘든 상황에 빠지는 것은 싫어한다.

하지만 인생의 고비야말로 사람을 크게 성장시킨다. 또 그런 어려움을 경험하지 않고는 강해질 수 없는 것이 우리의 삶이다.

역경을 두려워하지 말고 끝없이 도전하라.

실패를 거듭하여 곤경에 빠지더라도 "아직 늦지 않았어. 노력할 수 있어."라는 의지가 있으면 기회는 다시 찾아온다.

나 역시 우여곡절의 인생을 살아왔다. 아니 그러한 인생의 한가운데에 있다고 할 수 있다.

이미 십 몇 년 전의 일인데, 나는 15년간의 샐러리맨 생활과 결별하고 회사를 설립했다. 저금은 한 푼도 없었고 오히려 술집 외상값에 쫓길 정도로 힘든 상황이었다. 거기다가 둘째아이는 태어난 지 두 달밖에 되지 않았었다.

분명 불안하기는 했지만, 스스로 도망갈 길을 막아 버렸기 때문에 이제 뒷걸음질 칠 수도 없었다. 얼마 동안은 여태까지 경험했던 적 없었던 고난이 계속되었다. 그렇게 나약한 신경의 소유자가 아니라고 자부하고 있었는데, 그때 처음 '인간이란 정말 나약한 동물'임을 절실하게 느꼈다.

나는 회사를 설립할 당시 자금이 없어 몇몇 사람들에게 머리 숙여 열심히 부탁했었다. 출자금도 간신히 만들 수 있었다. 그러나 회사를 설립한 이후에도 어려움은 계속되었다. 계획했던 대로 이익을 내지 못했고 은행으로부터는 문전박대를 당했다. 그렇지만 '절대로 물러설 수 없다.'는 결심만은 강하게 지켰다.

지금 와서 돌이켜 보면, '용케도 열심히 노력했었다.'라는 기분이 든다. 그리고 꽤 즐거웠고, 가난했지만 충실한 하루하루를 보냈다고 생각한다.

어찌되었건 간에 역경에 빠졌었다는 말밖에는 달리 할 말이 없다. 하지 않으면 안 되었기 때문에 도망칠 수는 없었다. 내 인생에서 가장 큰 고난을 경험했던 시기였다.

그때 성공한 한 벤처기업의 경영자를 만났다. 내가 고전하는 것을 안 그는 "나 역시도 자네와 같은 길을 걸어왔네. 포기해서는 절대 안 되네. 포기하지 않으면 기회는 반드시 올 테니까."라며 격려해 주었다.

샐러리맨도 예외가 아니다. 요즘과 같은 불경기에는 더욱더 고난을 이겨낼 힘이 필요하다. "불경기이니까 실적이 나빠도 어쩔 수 없다."라고 자포자기해서는 안 된다.

기업은 좋지 않은 환경 속에서도 어떻게든 실적을 향상시키려고 지혜를 짜내고, 구체적으로 실행할 수 있는 인재를 요구한다. 이러한 사원이 많으면 많을수록 사내의 동기 부여는 높아진다. 당신도 꼭 그 일원이 되길 바란다.

나 자신이야말로 역경을 경험했기 때문에 강해질 수 있었다고 생각한다. 역경 속에서의 잠재력은 누구에게나 있다. 나처럼 나약한 인간에게서도 그러한 힘이 나왔기 때문에 누구든지 하려고 마음만 먹으면 할 수 있다. 아무리 능력이 있어도 항상 도망갈 길을 만들어 놓기만 해서는 의미 있는 인생을 보낼 수 없다. 30대의 당신은 미래에 승부를 걸어야 한다.

30대의 당신은 인생의 고비를 두려워하고 있을 이유가 없다.

안일한 생각은 지금 당장 훌훌 털어 버려라

한계에 도전하지 않는 사람은 실패를 두려워한다. 실패를 통해 느껴지는 상처와 좌절, 상실감을 견딜 수 없는 것이다. 그래서 무의식중에 도망갈 길을 열어 두고는 거기에 안주하려 한다. 이런 상황에 익숙해질수록 긴장감이 사라지는 것은 당연하다. "어? 나도 그런데!" 하며 고개를 끄덕이고 있다면 쓸데없는 감상에서 하루라도 빨리 벗어나야 한다. 지금이라도 당장 안일한 생각 따위는 훌훌 털어 버려야 한다.

사회에 첫발을 디딘 신입사원이 서른을 넘기는 것은 눈 깜짝할 사이다. 3~4년 정도 경험을 쌓은 비즈니스맨임에도 자신의 업무에 관해서는 지나치게 관대한 경우가 많다. 심지어 젊은 혈기에 직장만 여기저기 옮겨 다니면서 그것을 능력이라고 착각하는 사람도 많다.

진정한 의미의 전문직은 일정한 수준의 업무 수행력을 갖추고 있을 때 얻을 수 있다. 그것을 바탕으로 더욱 노력해야 비로소 능력을 살릴 수 있다.

직장을 옮겨도 냉정한 현실이 기다리기는 마찬가지다. 지금의 회사에서 충분한 실적과 자신감을 쌓은 뒤 새로운 직장을 선택해도 늦지 않다. 모든 것을 갖추고 있다면 훨씬 더 좋은 조건으로 스카우트 제의도 받을 수 있다.

이제는 연령에 상관없이 큰 성과를 올릴 수 있는 인재가 고액 연봉의 헤드헌팅 대상이 되는 시대다. 회사를 옮기는 것 자체가 새로운 시작이다. 당신만의 무기 없이는 결코 성공을 보장받지 못한다.

이제 보통이어서는 안 된다.

자신을 위해서 일하라

일은 자신을 위해서 하는 것이다. 당연한 말이다. 자신의 능력이 향상될수록 회사도 자연히 이익을 얻게 된다. 보통 우리는 출·퇴근 시간까지 포함해 하루의 절반 이상을 회사에서 보낸다. 야근이라도 하는 날에는 정말 집에는 잠만 자러 가는 식이다. 그렇더라도 하는 일만 즐겁다면 충분히 만족할 수 있고 스트레스조차 쌓이지 않는다.

누구나 업무 외의 시간이나 휴일에는 충분히 쉬고 싶을 것이다. 자신의 취미 생활에 몰두하고 싶은 마음도 간절할 것이다. 그러기 위해서는 업무의 효율을 높여 생활의 활력을 찾지 않으면 안 된다. 일과 사적인 시간 모두에 충실하기 위해서는 업무를 정해진 시간 내에 처리하고 자기만의 시간을 만들 필요가 있다. 목표를 기한 내에 100퍼센트 달성하지 않고서는 쉴 권리조차 주장할 수 없다. 이것이 비즈니스의 원칙이다.

"주 5일 근무제니까 업무 진행에 관계없이 쉬는 것이 당연하다."

이런 사고방식에 사로잡혀 있다면 당신은 그야말로 형편없는 사원이다. 눈에 보이는 성과가 있다면야 시비 거는 사람이 없겠지만, 성과가 없다면 자격 미달이라는 사실을 기억해야 한다. 업무 수행 능력에 문제가 있다고 느낄 때 더욱 노력하는 태도야말로 자신을 위해서 일하는 사람이 보여주는 발전적인 자세다. 돈을 벌기 위해서 어쩔 수 없이 일한다는 생각은 너무 시시하다. 어차피 할 일이라면 자신의 능력을 최대한 발휘하여 성취감을 느낄 수 있어야 한다.

제대로 일하지 않는 사람은 사생활에도 충실하지 못하다. 목적의식이 없으니 무엇을 해도 금방 싫증을 낸다. 휴일이면 집에서 뒹굴고 있거나 게임을 하면서 시간을 보내는 게 고작이다.

그런 식으로는 귀중한 인생의 시간을 유용하게 보내고 있다고 말할 수 없다. 발전 없는 일상은 해를 거듭할수록 후회만 남길 뿐이다.

목표는 비즈니스의 힘이다

일을 시작할 때는 분명한 목표를 세워라. 회사가 원하는 목표가 아닌, 스스로에게 주는 과제라고 생각하라. 무엇보다 자신에게 일의 동기를 부여하는 것이 중요하다.

나 역시 샐러리맨 시절, 효율적으로 일할 수 있는 방법에 대해 많은 생각을 했다. 그때 나는 대부분 영업 거래처를 돌아다녔는데, 목표 수치를 달성하기 위해 좀 더 좋은 방법은 없을까 늘 고민했었다. 지금까지의 방법으로는 한계가 있었기 때문에 판매를 위한 나만의 시스템을 만들었고, 결국 목표를 달성할 수 있었다. 이것이 바로 내 업무의 목표였다. 어떤 일이라도 명확한 목표만 있다면 그것을 이루기 위한 지혜는 나오기 마련이다. 이 지혜야말로 비즈니스에서 막강한 힘을 발휘하는 무기가 된다.

지혜가 없는 사람은 비즈니스 세계에서 환영받지 못한다. 비즈니스의 흐름을 먼저 읽고 지혜를 짜낼 수 있어야 우수한 인재다. 일의 목표가 분명할수록 사회가 원하는 인재가 되고 인생의 목표대로 발전할수록 장밋빛 인생을 누릴 수 있다.

'미리! 미리!'가 업무의 철칙이다

같은 업무를 진행하면서도 늘 마감에 쫓겨 쩔쩔매는 사람이 있는가

하면, 일찌감치 산뜻한 얼굴로 마무리하는 사람이 있다.

일이란 반드시 거래처, 고객, 상사, 동료 등과 함께 움직이기 마련이다. 또한 각자의 스케줄에 따라 업무를 진행하기 때문에 정해진 기간 내에 요구하는 수준에 맞추어 업무를 처리해야 한다. 두 가지 요소를 동시에 만족시키지 못하면 대부분의 사람들이 스케줄에 따라 움직이기 때문에 누군가에게 반드시 피해를 주게 된다.

그런데도 이 당연한 사실을 이해하지 못하는 사람이 의외로 많다. 제대로 된 책임의식이 없기 때문이다. 책임의식을 갖춘 사람이라면 품질, 납기, 비용이라는 세 가지 요소를 책임감 있게 해결한다. 언제나 일을 서둘러 '미리 미리' 진행하기 때문에 가능한 것이다. 이들은 한 달 안에 마감해야 한다면 납기 일주일 전에, 마감 기한이 일주일이라면 하루나 이틀 전에는 마무리한다. 따라서 업무에서 높은 성과도 올릴 수 있고, 예측할 수 없는 만약의 사태에도 충분히 대응할 수 있다.

회사의 입장에서 마감을 놓치는 사원은 업무의 수준을 떠나 분명 시간과 비용에서 엄청난 낭비가 된다.

수익 확률이 높은 업무를 하라

회사 조직의 일원이라면 누구라도 이익이 되는 성과를 보여야 한다.

따라서 당신의 업무 방식에 대한 객관적인 검증을 통해 매너리즘에 빠져 있다고 생각되는 순간 적극적으로 벗어나야 한다.

나의 업무 방식이 최선이라는 생각은 버리자. 예전에는 최선의 방법이었을지 몰라도 지금까지 그것이 최선이라고는 장담할 수 없다. 시대의 흐름에 따라 업무 방식도 바뀌기 때문이다.

중견 사원 중에는 이 점을 인식하지 못하는 사람들이 많다. 그들은 지금까지 실수 없이 업무를 해 왔다고 자부하기 때문에 문제점을 느끼지 못한다.

영업 사원의 경우도 마찬가지다. 발로 뛰는 것만으로 성과를 올릴 수 있다는 고정관념은 이미 시대에 뒤떨어진 생각이다. 손과 머리도 함께 사용할 줄 알아야 제대로다. 지금은 가능한 한 모든 수단을 동원해서라도 정보를 수집, 분석하고 그것을 바탕으로 판매 시나리오를 작성하여 효율적으로 움직여야 제대로 된 성과를 얻을 수 있다.

유능한 사원은 일의 확실한 순서와 방법을 알기 때문에 업무의 효율성이 높다. 발생할 수 있는 문제점이나 장애를 감안한 시나리오까지 갖추고 있기 때문에 더욱 수준 높게 일할 수 있다.

업무에 정보를 어떻게 활용할 것인가

어떤 업무에서도 정보 수집은 필수다.

유익한 정보는 가만히 앉아서 얻을 수 있는 것이 아니다. 여기저기 발로 뛰어야 참신한 정보를 더 많이 얻을 수 있다. 그리고 이렇게 수집한 정보의 가치가 높을수록 업무의 질을 높일 수 있고 타사보다 유익한 사업을 전개할 수 있다.

요즘은 활자를 기피하는 경향이 있는데, 특히 젊은 사람들은 책을 읽지 않는다. 심지어 신문도 읽지 않는 사람도 많다.

어떤 상장기업의 재미있는 일화가 있다.

직원 중에 정보에 너무 어두운 사람이 있었는데 참을 수 없었던 상사가 물었다.

"자네는 해외 관련 부서에 있으니까 좀 더 정보에 민감해야 하네. 경제 신문 정도는 읽고 있겠지?"

그러자 직원이 대답다.

"저는 활자를 싫어합니다. 그래서 신문은 읽지 않기로 했습니다. 무엇보다 신문에 투자할 돈이 없습니다. 제가 읽기를 원하신다면 회사에서 구독하면 되지 않겠습니까?"

설마 했던 상사도 질려 버리고 말았다.

이것은 특별한 사례가 아니다. 실제로 신문을 보지 않고 출근하거나 회사에서도 종일 신문은 거들떠보지도 않는 사람들이 많다. 그렇기 때문에 영업에 필요한 정보가 실려도 그것을 발견하지 못하고, 기업에 대한 기본 정보조차 놓치는 경우가 허다하다. 요컨대 정보 안테나가 녹슬어 가는 것이다.

아무리 인터넷이나 휴대전화를 이용하더라도 신문을 대충이라도 훑어보고 출근하는 것은 비즈니스맨의 의무다. 사회나 경제 동향, 업계 동향 등의 상세 정보를 입수하지 않고서는 제대로 된 업무를 하기 힘들고,

시간이 아무리 흐른다 해도 제 몫을 해낼 리 없다.

정보 수집을 열심히 하는 사람은 발상 자체가 유연하다. 미래를 예측하는 선견지명도 뛰어나다. 그들은 비즈니스 세계에서 고정관념이 얼마나 위험한지 잘 알고 있기 때문에 정보의 가치를 무엇보다 중요하게 생각한다.

정보는 신문, 텔레비전, 인터넷은 물론 우연히 길을 걷다가도 얻을 수 있다. 정보화 사회에서는 수집된 정보를 비즈니스에 어떻게 활용할 것인가의 여부에 따라 승부가 결정된다. 앞으로 펼쳐질 시대는 더욱 상세한 정보를 수집하여 분석하고 정확한 미래를 예측할 수 있는 능력이 요구된다. 물론 경험도 중요하지만, 그것만 고수해서는 곤란하다.

이제는 정보 하나로 거대한 비즈니스의 기회가 주어지는 시대다.

'사전에 준비하는 스타일'로 업무 방식을 바꿔라

당신은 휴일까지도 일에 묻혀 지내고 있지는 않은가?

능력 이상의 업무 분량이라면 그럴 수 있겠지만, 기본적으로 회사는 개개인의 능력을 파악하여 채용한다. 그 전제하에 업무를 분담시키기 때문에 능력 이상의 업무를 맡기는 경우는 거의 없다. 따라서 휴일까지 일을 해야 한다면 업무 일정에 적신호가 켜진 것이다. 야근이나 휴일에 출근하는 것을 당연하게 생각하고 있다면 그것 역시 개선되어야 한다.

자신은 야근을 하고 휴일에도 일을 했으니 성실하다고 생각하는 사람도 있을 것이다. 그러나 그 사원을 바라보는 회사 측의 평가는 결코 높을 리 없다. 오히려 회사에서는 "저 사람은 일이 느리다."라고 판단해 버리기 쉽다.

아무튼 일을 휴일까지 가져가는 것은 업무의 리듬에도 좋지 않다. 스케줄이 꼬일 뿐 아니라 시간도 제대로 활용하기 어렵다.

이런 경우 대부분 "주말까지만 끝내면 된다."라는 식의 어림짐작 스케줄로 인해 휴일까지 업무가 이어지기 쉽다. 예상대로만 업무가 진행된다면 좋겠지만 비즈니스라는 것이 그리 간단한 일이 아니다. 예상 밖의 결과나 변수도 상당하다.

이렇게 "하지 않으면 안 된다."라고 생각하고 있으면서 좀처럼 본격적으로 임하지 않는 사람은 스케줄이 명확한 형태로 머릿속에 그려져 있지 않기 때문에 시동이 늦게 걸린다.

일을 계속 미루다가 시간에 쫓겨 벼락치기하듯이 일을 하는 것보다는 꾸준히 노력하는 자세로 일을 해야 한다. 한 주의 전반에 집중해서 마무리 짓고 후반에는 확인과 검증으로 시간을 할애하는 것이 좋다. 업무의 리듬을 조금만 바꿔도 일의 수준을 한 단계 높일 수 있다.

집중력을 최대한 높여라

수준 높은 일을 하기 위해서는 방법과 순서를 생각하여 집중력을 최대한 높여야 한다. 그러기 위해서는 쓸데없는 잡무가 들어오지 않도록 하는 것도 중요하다. 시간을 때우기 위한 회의나 미팅 등도 줄여야 한다. 회의 시간이 긴 회사일수록 한가한 사원이 많은 법이다.

나는 아침에 일찍 출근한다. 누구의 방해도 받지 않고 머리 회전도 빨라지기 때문이다. 무엇보다도 집중력을 높일 수 있어서 좋다. 그러면 적어도 낮 시간에 비해 배 이상 업무 효율을 높일 수 있다. 물론 사람은 나름대로의 신체 리듬이 있기 때문에 모두 나와 같다고는 할 수 없지만, 오전 중에 집중력을 높이는 것이 분명히 효과적이고 실수도 줄어든다.

저혈압인 사람은 신체가 완전히 잠에서 깨어나는 데 3~4시간이 걸린다고 한다. 따라서 이런 사람은 일어나는 시간을 앞당기도록 한다. 또 야간형인 사람은 낮에 집중력을 높일 수 있도록 일찍 자는 습관을 들이는 것이 좋다.

습관이라는 것은 생각을 어떻게 하느냐에 따라 바꿀 수 있고 거기에서 의외의 발견을 할 수도 있다. 무엇이든 경험하지 않으면 알 수 없다는 것이 진실이다. 나는 해 보지도 않고 "할 수 없어!"라고 말하는 사람을 좋아하지 않는다. 그런 사람은 일터에서도 가정에서도 활력을 찾아보기 힘들기 때문이다.

따라서 여러 방면으로 경험해 보라고 말하고 싶다. 경험이 많을수록 기회도 많아지고 시야를 넓힐 수 있다.

한 가지 더 강조하자면, 집중력이 높아졌을 때는 긴 시간의 휴식을 취하지 말아야 한다. 그렇게 하지 않으면 떨어진 집중력을 다시 높이는 데 시간이 걸린다. 한 시간에 5분 정도의 휴식이 가장 적당하다.

마지막으로 수준 높은 업무를 하기 위해서는 '꾸준한 노력'과 '집중력'은 필수다.

항상 기한 내에 끝내지 못하는 사람이라면 이 두 가지 점만이라도 유의하기 바란다. 적어도 지금까지보다는 업무 시간을 줄이고 짧은 시간 동안 수준 높은 일을 처리할 수 있다.

≫ 수준 높은 일을 하려면

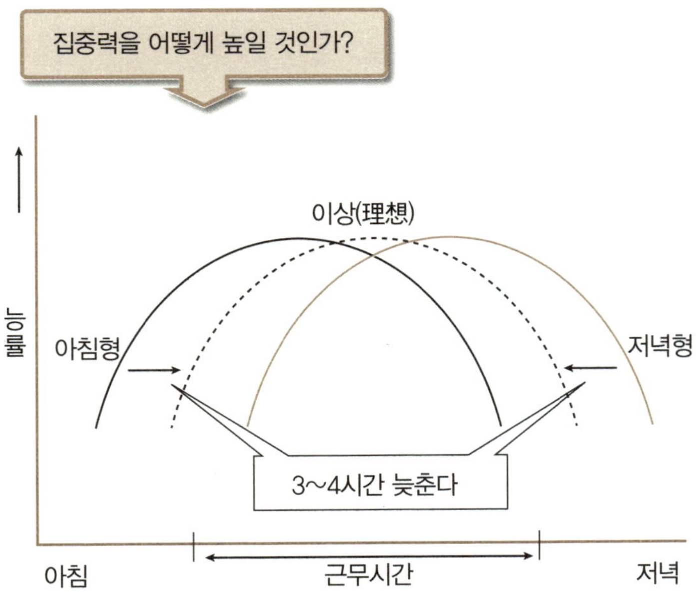

직장이 전부다

10
프로페셔널의 성공 비밀
– 스트레스 조정력

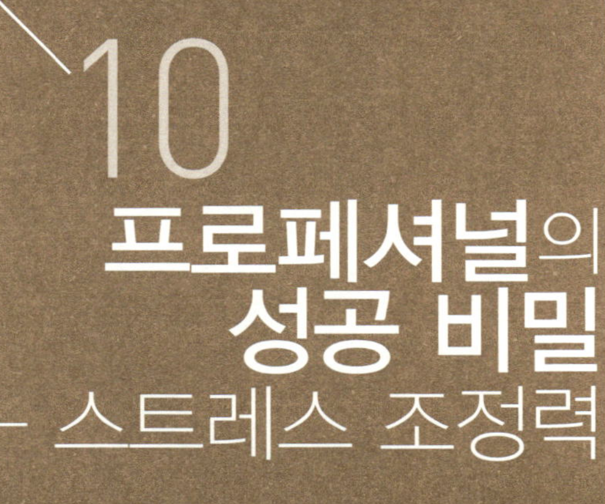

"너무 깊이 생각해서는 안 된다.
비즈니스에 관한 한 책상 앞에서 생각하는 것보다 밖으로 나
가는 것이 훨씬 효과적이다."

10 프로페셔널의 성공 비밀
– 스트레스 조정력

도망치고 싶은 마음이 스트레스를 만든다

당신은 스트레스를 받는 타입인가, 아니면 받지 않는 타입인가?

나는 스트레스가 쌓이지 않는 타입에 가깝다. 아니, 그것보다는 스트레스를 의식한 적이 없다고 하는 편이 맞겠다. 내가 지금의 원고 작업이 스트레스가 될 수도 있다. 그러나 싫은데 억지로 쓰고 있는 것이 아니기 때문에 비록 눈과 손이 고달프고 어깨는 아프지만, 신기하게도 스트레스는 쌓이지 않는다. 오히려 탈고했을 때의 만족감을 생각하면 기분이 점점 좋아진다. 솔직히 말해서, 꽤 힘든 일이지만 '마감일까지 꼭 해낼 거야.'라는 결심이 스트레스를 사라지게 해 준다.

전문가들은 스트레스가 개개인의 인내심에 따라 느끼는 정도에 차이가 있는 것이지, 신경이 예민한 사람이 스트레스를 더 많이 받는 것은 아니라고 말한다. 다시 말해 스트레스를 받아들이는 마음의 자세에 따라 느끼는 정도가 달라진다는 것이다.

직장을 다니다 보면 스트레스는 항상 쌓이기 마련이다. 하지만 업무 자체보다는 인간관계에서 스트레스를 받는 경우가 더 많다. 인간관계에서 문제를 일으키는 사람들은 시야가 좁을 뿐더러 제멋대로 행동하는 경향이 있다. 즉, 자기중심적으로 행동하는 것이다. 이런 사람은 마음이 딴 곳에 있어 일이든 인간관계든 열심히 하지 않기 때문에 스트레스가 쌓이는 것이다.

반면에 스트레스를 덜 받는 사람을 보면 대체로 인간관계로 고민하지 않는다. 그들은 호의가 호의로 돌아온다는 사실을 잘 알고 있어서 사람에게 최선을 다한다. 물론 그것만으로 인간관계가 원만해지는 것은 아니겠지만, 적어도 사귀려는 사람과 자연스럽고 친밀하게 관계를 시작할 수는 있다. 상대를 존경하는 마음으로 대할 때 상대도 마음을 쉽게 여는 법이다.

꼭 기억하자. 일과 인간관계에서 적극적인 사람이 스트레스도 적게 받는다.

지나친 생각이 사람을 망친다, 지금 당장 행동에 옮겨라

너무 깊이 생각해서는 안 된다.

비즈니스에 관한 한 책상 앞에서 생각하는 것보다 밖으로 나가는 것이 훨씬 효과적이다. 생각만으로는 절대로 시작되지 않는 것이 비즈니스이기 때문이다. 생각보다는 행동이 우선이다. 그렇게 하면 싫어하는 일로 끙끙거리며 고민하는 일도 한결 줄어든다.

비즈니스를 즉흥적으로 처리하면 곤란하겠지만, 회사마다 경영 전략에 따른 전술은 이미 정해져 있다. 따라서 다음의 실행 단계인, 실제로 성과를 올릴 수 있는 구체적인 행동이 요구되는 것이다.

어떤 일이든 직접 해 보지 않고서는 결과를 알 수 없다. 그러므로 문득 떠오른 생각일지라도 실천에 옮기다 보면 훨씬 큰 효과를 얻게 될 것이다.

지금처럼 조직이 평준화되어 가는 추세에서 부하 직원의 관리에 만족해서는 안 된다. 현장 업무와 함께 부서 관리까지 깔끔하게 마무리하는 능력이 요구되는 시대다. 만약 당신이 관리직에 있다면 활동적인 관리자(Playing Manager)로서의 능력을 요구받고 있을 것이다.

비즈니스는 발로 뛰면서 생각해야 한다. 지나치게 생각에 몰두하면 필요 이상의 무리한 논리만 앞서는 평론가가 되기 쉽다. 이론만으로 비즈니스가 이루어진다면 좋겠지만, 문제는 그리 간단하지 않다. 행동으로 옮겨 내 손 안에 성과를 쥘 수 있도록 살아 있는 방법을 몸으로 익혀야 한다.

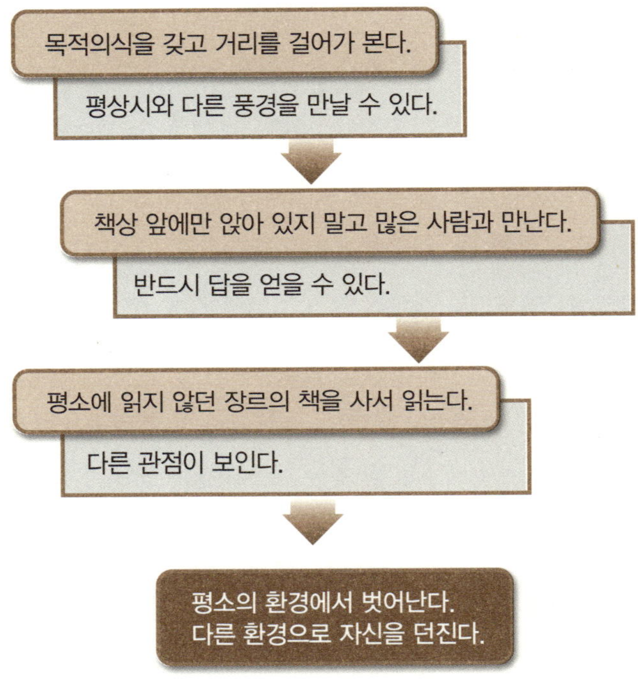

현재의 자신에 안주하지 마라

당신은 어떤 인사 평가를 받고 있는가? 혹시 인사 평가서를 본 적이 있는가?

대부분의 사람이 '본 적이 없다.'고 대답할 것이다. 그러나 어떤 회사든 인사 평가는 실시하고 있으며, 그 인사 평가서는 반드시 존재한다. 최근에는 인사 평가서를 본인에게 제시하고 설명하는 회사도 늘어나는 추세다.

인사 평가를 숫자로 환산할 수 없는 경우가 대부분이다. 결국은 사람이 사람을 평가하기 때문에 상세하게 순위를 정하거나 A, B, C, D, E의 5단계 정도로 평가하는 회사가 많다. 당연한 일이겠지만 짐스러운 사원이라면 분명 평가 점수 E를 받을 것이다.

그런 사람의 일하는 자세를 살펴보면 다음과 같은 흐름이 되지 않을까 싶다.

① 업무에 대한 의식 수준이 낮다.

② 목표를 달성하려는 의욕이 없다.

③ 방법과 순서를 생각하지 않는다.

④ 집중력이 부족하다.

⑤ 수다를 떠는 것으로 시간을 낭비한다.

⑥ 손실이 많고 실수도 많다.

만약 당신이 이런 업무 태도를 갖고 있다면 틀림없이 최저 수준의 평가를 받을 것이다. 요즘 같은 불경기에는 '능력이 부족하다.'고 언제 통보를 받을지도 알 수 없는 일이다. 더 안타까운 것은 이런 사람은 독립할 힘도 없고, 독립하더라도 성공하기 어렵다는 게 현실이다.

지금의 회사에 남고 싶다면 스스로 높은 평가를 받을 수 있도록 최선을 다해야 한다. 그런데도 "회사가 그 정도까지 융통성이 없지는 않을 거야."라고 생각하고 있다면 회사를 너무 만만하게 여기는 것이다. 지금이라도 당장 개선하겠다는 다짐을 마음에 입력하라.

발등에 불이 떨어진 급박한 상황에서 도움이 되지 않는 사람은 필요 없다는 것이 모든 기업의 한결같은 방침이다.

개선하려는 의욕을 가져라

인간의 능력은 아주 우연한 계기로 성장하는데, 그런 기회조차 놓치는 사람은 비즈니스맨으로서는 자격 미달이다.

좀 더 자신의 능력을 믿어라.

그러면 생각지도 않은 발견을 하게 된다. 활력이 넘치는 사람일수록 더 많이 새로운 자신과 마주하게 된다. 문제의식과 개선하려는 의지 없이 일하게 되면 어떤 낭비나 실수가 있어도 아무런 의문점도 갖지 않게 된다. 그리고 매너리즘에 빠져 현재의 편안함에 익숙해져 버리고는 새로운 변화에 대해 무의식중에 저항하는 것이다.

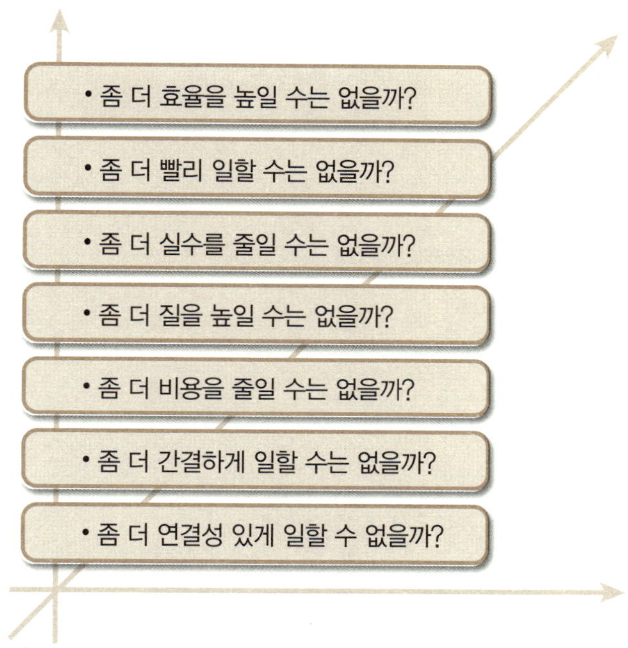

조직이란 크고 작은 문제들로 뭉쳐진 벌집과 같다. 또한 단 한 가지 문제라 해도 기본적인 업무의 흐름을 방해하는 원인이 된다. 당신 주변에서도 "이런 점이 문제다.", "이렇게 하면 훨씬 성과가 오를 것이다."라고 말하는 경우가 종종 있을 것이다. 따라서 문제를 발견했다면 즉시 짚고 넘어가야 한다.

"말하지 않는 편이 나를 위한 길이다."라고 안주해서도 안 된다. 이런 제안을 '건방지다.'라고 받아들이는 상사가 있다면 그 사람은 분명 형편없는 상사다.

적극적인 의견을 받아들이려는 사내 분위기가 조성되지 않는 회사는 이후의 생존 경쟁에서도 살아남기 어렵다. 현 상태를 유지하려는 시점에서 이미 뒤처지고 있다는 의미이기 때문이다. 항상 장래를 예측하고 적극적으로 개선하려는 마음이 없다면 회사도 사원도 도태되어 갈 것이다. 지금은 그런 시대다.

"내가 하고 있는 일이 과연 이대로 좋을까?"

이런 의문을 잊지 않는다면 개선하려는 의욕이 나오게 된다. 더불어 낮은 평가를 받는 일도 없을 것이다.

일을 즐겨야 성과가 생긴다

사람이 일생 동안 일을 하면서 보내는 시간을 계산해 보면 대충 10만 시간 정도가 될 것이다. 그만큼 많은 시간을 보내기 때문에 일이 재미있지 않다면 인생의 의미가 없다.

"월급을 받기 위해서 하기 싫은 일을 하고 있다."라고 한다면 인생 자체가 우울해진다. 또 "일은 급여만큼만 하고, 나머지 시간은 취미나 여가를 보내는 데 사용한다."라고 하면 사람을 나태하게 만든다.

여기서 당신이 일을 즐길 수 있는 사람인지를 체크해 보자.

☐ 자기의 사정이 우선이 되어 행동한다.

☐ 평론가 타입이고 구체적인 행동이 좀처럼 취해지지 않는다.

☐ 재촉을 받고 나서야 일을 시작하는 경우가 많다.

☐ 자신의 일이 회사에 어떤 공헌을 하고 있는지 알지 못한다.

☐ 변명을 하는 경우가 많다.

☐ 당장 행동을 취하지 않고 미루는 경우가 많다.

☐ 퇴근 시간을 항상 신경 쓰고 있다.

☐ 일은 돈을 벌어들이는 수단에 지나지 않는다고 생각한다.

이 항목 중 많은 부분에 해당하는 사람은 일이 재미없을 것이다. "일이라는 건 돈을 버는 수단이야. 돈이 있으면 일 같은 건 하지 않을 거야."라고 할지도 모른다.

그러나 어떤 경우에도 이왕 하는 거라면 일이 즐겁고 재미있어야 한다. 단지 돈을 벌기 위한 이유로 일하는 것은 정말 고통스러운 일이다.

또한 즐겁게 일하고 있지 않은 사람일수록 동료나 상사의 일하는 모습을 비난한다. 하지만 스스로 즐겁게 일하려고 노력하지 않고 다른 사람에 대한 비판만 하는 것은 자신의 역량이 부족함을 선전할 뿐이다.

그렇게 비판할 시간이 있으면 구체적인 의견을 하나라도 생각해 보면 어떨까? 그렇게 하는 편이 일도 좀 더 재미있어지고 자신에게 훨씬 도움이 될 것이다.

일을 즐길 수 있는 비즈니스맨이 되라

진정한 프로가 될 때 일도 훨씬 즐거워진다.

제너럴리스트보다는 한 분야의 스페셜리스트가 되어야 한다. 나만의 전문 기술 한 가지야말로 최고의 무기가 될 수 있기 때문이다. 한 분야에서 스페셜리스트이며, 동시에 제너럴리스트의 능력이 있다면 조직에 속한 사람으로서 경쟁하기도 수월하다.

비즈니스맨 중에서 일류라고 불리는 사람들에게는 하나의 방정식이 있다.

① 일에 대한 흥미가 강하다.

② 일이 자신의 꿈이나 인생과 중복되어 있다.

③ 그래서 항상 적극적인 사고 경로를 갖는다.

④ 구체적으로 행동하는 힘이 솟아난다.

⑤ 남들이 후원해 주기 때문에 큰 성과가 나온다.

⑥ 일이 즐겁고 재미있어진다.

이러한 흐름을 의식적으로 만들어 감으로써 일이 즐거워지고 성과도 따르게 된다. 자신의 일도 이런 선순환의 사이클을 갖도록 노력할 필요가 있다.

그렇게 함으로써 '일할 때는 확실하게 일하고, 놀 때는 화끈하게 논다.'는 분명한 태도를 가질 수 있다. 단, 노는 것이 우선이고 일은 그 다음이라는 사고방식은 비즈니스 사회에서 통하지 않는다. 제대로 된 비즈니스맨이라면 그런 사고방식을 가진 사람과는 함께 일하려고 하지 않는다. 그런 사람들의 여파가 자신의 일에 역효과를 내기 때문이다.

일을 즐기지 않는 사람은 놀 때도 즐겁게 놀지 못한다. 물론 충실한 인생을 보낸다는 보장도 없다.

모든 것은 자신을 위한 것이다

비즈니스를 혼자서 할 수는 없지만 처음부터 도움을 받으려고 해서는 절대로 잘 될 리가 없다. 맡겨진 일은 전적인 책임감을 가지고 항상 능동적인 자세를 갖추는 것이 좋다. 살아간다는 것은 자신과의 싸움이다. 비즈니스에서도 마찬가지다. 정말로 의지할 데는 자신뿐이다. 누가 도와주겠는가? 자기가 하는 수밖에 없다.

적어도 스무 살을 넘으면 의지하려는 마음은 버려야 한다. 그래야 성인으로서 인정받는다. 스스로의 생각으로, 스스로의 목표로, 스스로의 노력으로, 스스로의 책임으로 행동해야 스스로의 약점을 혼자의 힘으로 뛰어넘을 수 있게 된다. 남들의 도움은 당연하게 생각하고 감사한 마음조차 갖지 못한다면 문제는 심각하다.

하지만 혼자 힘으로 약점의 허들을 넘을 수 있게 된다면 매일 성장하는 자신을 만날 수 있을 것이다. 이 경험이야말로 즐거운 일이며 자신감을 찾는 계기가 된다. 젊을수록 이 소중한 경험을 쌓아 가기를 바란다. 반드시 일의 즐거움을 실감하게 될 것이다.

자신의 힘으로 약점을 극복했다면 일에서의 성과도 반드시 따르게 된다. 회사 또한 높은 평가를 해 줄 것이다. 자신의 약점에 휩쓸리지 않고 이겨낼 수 있다면 어떤 일도 가능해진다. 그런 사람이라면 독립하더라도 자신감 있게 일을 추진해 나간다.

'회사를 위해서 해야지.'라는 결심은 필요 없다. 모든 것은 자신을 위한 것이다. 자신의 장래를 뜻있게 만들기 위해서 노력해야 한다. 그렇게 하는 편이 절대적으로 즐겁다.

몸값 높이기의 4단계

1. 목표 설정

좌표 없는 항해가 순조로울 수 없듯, 목표 없는 자기 개발은 성공할 수 없다! 목표를 명확하게 세우고 왜 이 목표를 설정했는지 확실히 마음속에 인식하고 있어야 한다.

- 목표 설정의 원칙 'SMART' 방식
  - 목표는 구체적(Specific)이어야 한다. 뜬구름 잡는 목표 설정 부질없는 무한도전일 뿐.
  - 목표는 측정 가능(Measurable)해야 한다.
  - 목표는 달성 가능(Achievable)해야 한다.

- 목표는 현실적(Realistic)이어야 한다.
- 목표는 달성 시간(Timeline)을 분명히 해야 한다.

2. 목표 달성을 위한 행동 만들기

주위 사람들에게 자신의 목표를 알리고, 실천하기 위해 어떤 노력을 할 것인지 약속한 후 지속적으로 피드백을 받도록 한다면 목표 달성이 훨씬 수월해질 수 있다. 자신과의 약속은 쉽게 어길 수 있지만 다른 사람들과의 약속에서는 보다 많은 구속력이 발생하기 때문이다.

3. 자신을 테스트하라

지금은 회사가 아니라 자신의 가치를 위해 일하는 시대이다. 자신이 어느 정도의 가치를 인정받고 있는지를 확인하는 데 주저해서는 안 된다. 이 단계에서 '자신이 현재 무엇을 할 수 있는지'를 명확히 마케팅할 수 있어야 한다. 기업은 그 사람의 배경보다는 과거에 어떤 일을 했고, 또 현재 무슨 일을 했는지를 우선 평가할 뿐이다.

4. 지금 당장 시작하라!

자기 개발을 통한 몸값 높이기의 마지막 팁은 '지금 당장 시작하라'는 것! 늦었다고 생각할 때가 가장 빠른 때일 수 있다. 더 이상 주저 말고 지금 당장 시작하라!

힘들 때 자신을 격려할 수 있는 말을 간직하라

힘들 때 자포자기하고 싶은 것은 모든 사람의 똑같은 마음이다.

그러나 도망칠 수 없는 것이 인생임을 인정한다면 힘들 때 자신을 격려할 수 있는 말을 하나쯤 가지고 있는 것이 좋다. 나는 힘들 때마다 항상 다음의 말로 약해지는 마음을 다잡곤 한다.

"나를 성장시키기 위해 하늘이 주는 시련이다."

이렇게 되뇌는 것만으로도 용기가 솟는다. 열심히 해야겠다는 마음도 든다.

칠전팔기의 자세라면 용기를 잃는 일은 없을 것이다. 모든 것이 술술 내 마음처럼 풀리는 경우는 극히 드물다. 그러니 한두 번 정도의 실패로 자신감을 잃을 필요는 없다.

비즈니스는 어떤 의미에서는 설득과 교섭의 연속이다. 사내에서는 상사나 동료를 설득하고, 부하를 설득하고, 거래처나 고객을 설득하여 납득시키지 않으면 안 된다. 그러므로 정신적으로 강인하지 않으면 살아남을 수 없다.

그러나 그런 사람은 오히려 드물다. 모두 약한 자신과 싸우면서 살아가고 있다. 그럴수록 기분이 침체되었을 때 자신을 격려해 줄 수 있는 말을 간직해 두어야 한다.

"할 수 없다는 것은 하려고 하지 않기 때문이다."

『맹자』에 쓰인 한 구절로, 내가 좋아하는 말이다. 할 수 없다는 것은 그 의식이 희박할 뿐이지 불가능하다는 의미는 아니다. 이 말은 "하면 할 수 있다!"라는 굳은 결심으로 임할 때, 할 수 있는 일이 더 많다는 의미다.

중견 사원이라고 불리게 되면 적어도 기대하는 성과를 반드시 이루어 내지 않으면 살아남기 어렵다. 그만큼 정신적인 면을 강화해야 하고 그것을 도울 수 있는 것이 바로 자신을 격려하는 말이다.

Never say die.	낙담하지 말아요.
Such is the life!	인생은 다 그런 거예요.
It is not as difficult as it looks.	보기보다 어렵지 않아요.
Everything will be fine	모든 게 잘 될 거예요.
Good luck!	행운을 빌겠어요.

Tip 프로페셔널로 거듭나는 실천 포인트 4

1. '할 수 있다, 할 수 없다.'라는 생각을 버리고, '할 것인가, 말 것인가?' 라는 생각으로 바꿔라. 그렇게 함으로써 결단력이 생긴다. 무슨 일이든 결단을 내리는 데서 시작된다.

2. 운은 기다린다고 해서 따라오는 것이 아니다. 운은 스스로의 노력으로 불러들이는 것이다. '하자!'라는 마음으로 구체적으로 행동하면 운은 반드시 내 편이 되어 준다.

3. 결과를 두려워해서는 안 된다. '할 만큼 했다.'라고 만족할 수 있는 일을 하면 결과는 반드시 뒤에 나타난다.

4. 용기를 내어 결단을 내리면 지혜가 생긴다. 지혜는 생각하고 있는 것보다 행동해야 나오는 것이다.

5. 아무도 협력해 주지 않으면 비즈니스는 절대로 성공하지 못한다. 진심으로 하려고 하는 사람에게는 남들이 힘을 빌려 준다. 남의 힘을 잘 빌릴 수 있는 것이 성공하는 비결이다.

6. 한다고 결심하고 도망갈 길을 막는 것도 필요하다. 때로는 스스로 도
   망갈 길을 막는 것이 자신을 강하게 한다. 거기서 당신의 최대한의 힘
   이 나온다. 그것은 결코 구차한 것이 아니다.

7. "자신의 허들은 자신이 스스로 넘는다."라는 의식이 사람을 성장시킨
   다. 거기에는 고통이 반드시 따르게 된다. 그럴 때 자신을 격려하고 지
   탱시켜 줄 수 있는 말을 간직하라.

8. 하나의 현상을 다양한 관점으로 보는 습관을 길러라. 거기에 비즈니스
   와 인생을 성공시킬 수 있는 힌트가 숨겨져 있다. 그것이 머리를 유연
   하게 하는 일이다.

직장이 전부다

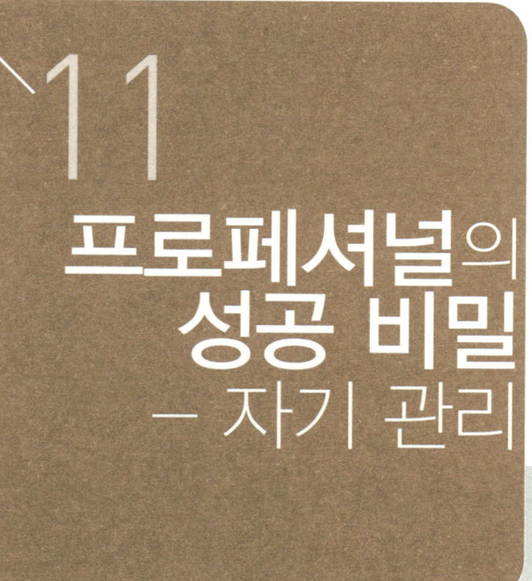

11

프로페셔널의 성공 비밀
— 자기 관리

"무의식중에 내뱉은 당신의 한마디가 상대방에게는 좋지 않은 인상을 남길 수 있다. 평소의 작은 빈틈이 당신의 장래를 좌지우지할 수도 있음을 명심해야 한다."

11 프로페셔널의 성공 비밀 – 자기 관리

철저한 비용 의식으로 당신의 가치를 올려라

실력이 없는 사람일수록 자신의 가치를 알 수 없는 법이다. 자신의 업무에 대한 자신감 자체가 없기 때문이다. 비즈니스의 가치, 직원의 가치는 돈의 가치로 이어진다. 따라서 직원에 따라 달라지는 연봉의 차이는 어찌 보면 지극히 자연스러운 일이다.

회사의 입장에서는 직원 한 사람 한 사람이 회사의 이익을 가늠하는 기준이 된다. 일류 대학을 졸업했다고 해도 기대했던 성과를 올리지 못하면 한 귀퉁이로 내몰리는 반면 학력 없이도 능력을 평가받는 시대다. 능력만으로 자신의 가치를 만드는 시대가 열린 것이다. 업무 능력이 뛰어난 사람(돈을 버는 사람)과 그렇지 못한 사람(돈을 벌지 못하는 사람)에게 임금의 격차를 두는 것은 당연하다.

직원 간의 건강한 경쟁심은 조직을 활기차게 만든다. 오히려 서로 경쟁하여 일하는 분위기를 만들지 못한다면 기업은 위기감에 빠지기 쉽다.

비즈니스맨으로서 자신의 가치를 저울질하는 값의 개념은 필수 조건이다. 가치를 올릴 줄 아는 사람일수록 업무 능력이 뛰어나며 언제나 최고의 평가를 받는 법이다.

뛰어난 성과를 올리기 위해서는 균형 감각이 필요하다. 여기서의 균형 감각이란 원가의 개념과도 일맥상통한다. 원가 개념 없이는 업무의 수준을 올릴 수 없을 뿐더러 일의 효율성도 높일 수 없다.

생산적인 원가 개념에는 필요한 것과 필요 없는 것이 있다. 업무 체크를 소홀히 하여 실수를 반복하거나 그로 인해 회사의 운영 비용이 쓸데 없이 낭비된다면 이거야말로 필요 없는 경우다. 실수는 늘 있기 마련이지만 실수는 적으면 적을수록 좋다. 같은 실수를 몇 번씩 반복하는 것은 주의가 산만한 면도 있겠지만 실수로 인해 발생하는 비용에 대해 뚜렷한 의식이 없기 때문이다. 단순 업무에 매달려 같은 실수를 몇 번씩 반복한다면 정말 한심한 일이 아닐 수 없다. 이런 사람은 언제나 임기응변으로 업무를 처리하기 때문에 반복되는 실수조차 예측하지 못한다.

시간과 비용 의식이 비즈니스의 성패를 좌우한다

회사는 투자한 비용 이상의 이익을 얻어야 유지되고 성장한다. 물론 '시간'과 '비용'이 함께 리듬을 탔을 때 비로소 가능한 이야기다.

나는 야근을 자처하는 일벌레 타입의 사원을 우수하다고 생각하지 않는다. 오히려 집중력이 부족하거나 두서없이 일하거나 뭔가 문제가 있는 사원이라고 여긴다. 열심히 일하는데도 늘 제자리걸음인 사원도 마찬가지다. 책상 앞에 오래 앉아 있어도 성적이 오르지 않는 학생 같아서 답답할 따름이다.

효율성은 비즈니스맨이 갖추어야 할 가장 중요한 자질 중 하나다. 지금까지 들였던 시간의 반만 투자해서 주어진 업무를 처리할 수 있다는 생각을 해 본 적이 있는가? 만약 시간의 효율성을 높일 수 있다면 어떤 변화가 필요한지 자신에게 끝없이 질문해야 한다.

≫ 비용 의식을 가지려면?

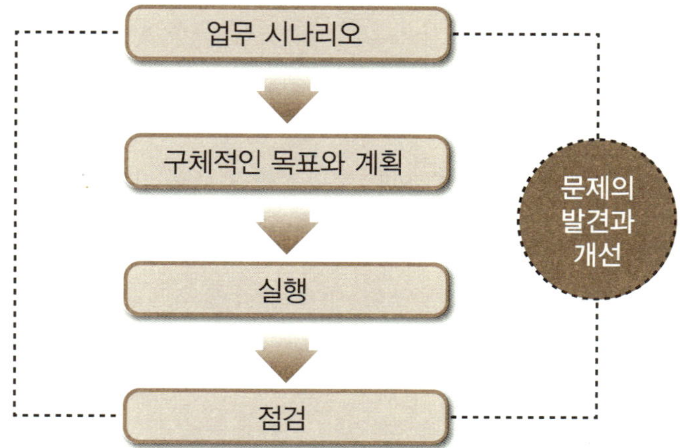

효율의 중요성을 알게 되는 순간 알게 모르게 비용 절감에 대한 인식도 변하게 된다. 시간과 비용의 줄다리기에 따라 회사의 성패가 좌우된다는 사실도 깨닫게 된다. 한 사람의 안일한 업무 태도가 조직에 바늘구멍을 만들고 바늘구멍이 모여 조직 전체를 흔들 수도 있다는 사실을 잊어서는 안 된다.

경영자에서 사원 한 사람에 이르기까지 시간과 비용의 매너리즘에 빠져서는 불황을 극복할 수 없다. 만약 당신의 회사가 그런 절박한 상황에 처해 있다면 당신부터 효율의 가치를 실천에 옮겨라.

비즈니스에 불가능은 없다
책임감 있는 자세를 갖추고 항상 성장하라

"좀 어려울 것 같습니다."

"제게는 부담이 너무 큽니다."

"저보다는 B씨가 적임자라고 생각합니다."

무의식중에 내뱉은 당신의 한마디가 상대방에게는 좋지 않은 인상을 남길 수 있다. 평소의 작은 빈틈이 당신의 장래를 좌지우지할 수도 있음을 명심해야 한다. 십중팔구 "저 사람은 언제나 도망치고 싶어 하는군. 도전하려는 자세가 조금도 없어."라는 평가를 받게 될 것이다. 인사평가가 성과 위주임은 분명하지만, '장래에 대한 기대감'도 크게 작용한다.

가능성 있는 사람과 가능성 없는 사람을 구분하는 것은 의외로 간단하다..

"신제품의 매출 상태는 어떤가?"

이렇게 질문해 보면 가능성 없는 사원은 다음과 같이 대답한다.

"네, 여러 가지 어려운 점이 많습니다."

"매출 상태가 별로 좋지 않습니다."

자신이 힘든 상황 속에서 노력하고 있다는 사실만 어떻게든 앞세우려 한다.

가능성이 있는 사람은 비록 그날의 성과가 없더라도 다음과 같이 답한다.

"어려운 건 어디라도 마찬가지입니다. 하지만 질 수는 없죠."

"판매 방법에 문제가 있는 것 같습니다. 내일은 다른 방법을 찾아보겠습니다."

도망치려는 자세와 적극적인 자세의 차이가 확실하게 나타난다. 비즈니스 사회에서 소극적인 사람은 반드시 실패한다. 인생 역시 마찬가지다. 문제에 부딪혔을 때 숨고 싶은 마음이 앞서는 삶은 힘도 없다. 즐거운 인생을 만들어 줄 꿈도 사라진다. '할 수 없다.'는 마음을 없애기 위해서는 '해 보지 않고는 결과를 알 수 없다.'는 각오가 필요하다. 안 될수록 더욱 열심히 하자는 마음만 있으면 성공 그 이상의 성공도 꿈꿀 수 있다. 나 역시 그렇게 해서 성과를 얻었고 더 강해질 수 있었다. 그때의 만족감은 지금도 잊을 수 없다. '할 수 있다.'는 자신감을 통해 우리는 스스로 성장하는 소중한 경험을 하게 된다.

성장하는 회사를 만들기 위해서는 사원 한 사람 한 사람이 강한 도전의식을 갖고, 융통성 있게 행동할 필요가 있다. 그래야 회사가 어려움에 처하더라도 문제점은 물론 그 원인과 배경도 쉽게 알 수 있고 해결할 방법도 찾을 수 있다.

그러나 가능성 없는 조직에는 아이디어도 없다. 그 조직을 구성하는 사원에게서도 아이디어를 찾을 수 없음은 물론이다. 몇 개월이 지나도 목표를 달성할 수 없다면 거기에는 반드시 문제점이 존재한다. 또한 문제점을 제때 발견하지 못하기 때문에 변함없이 같은 실수를 반복하게 된다. 문제의 원인을 밝히지 못하는 경우도 많다. 목표 달성에 대한 뚜렷한 의식이 없기 때문에 의구심조차 생기지 않는 것이다.

그러나 당신에게 강한 의지만 있다면 문제될 것은 없다. 어떤 어려움도 기꺼이 맞이할 준비가 되어 있기 때문이다. '반드시 해 내겠다.'는 의지가 당신의 특별한 미래를 열어 줄 것이다.

- '할 수 없다'는 말을 하지 않는다.

- '무엇이든 해 보겠다'는 의지를 키운다.

- '반드시 하겠다'라고 스스로에게 말하라.

- 어려움을 이겨낼 수 있는 지혜와 힘이 생긴다.

기꺼이 어려움에 맞서라. 성공의 법칙은 준비된 자에게만 적용된다. 당신이 독립을 원한다면 이 성공의 법칙은 더욱 절실하다. 변화한 당신만이 성공을 향해 힘찬 닻을 올릴 수 있다.

게으름이 마음의 여유를 빼앗는다

게으름은 다른 사람의 눈에 더 잘 보인다. 가끔은 게으름을 피워도 좋다는 생각은 아예 하지 않는 편이 낫다. 게으름이란 마음의 여유조차 허락하지 않기 때문에 자신에게도 득 될 것이 없다.

오늘 왠지 일하기가 싫어서 컨디션이 좋지 않다는 이유로 회사를 쉰다고 하자. 아침에 상사에게 전화를 걸어 병가를 내고 일단 한숨 돌리지만, 밖에서 마음껏 놀려고 해도 마음 한 구석이 석연치 않을 것이다. 아니, 오히려 더 스트레스를 받는 사람도 있을 것이다.

하지만 맡은 일을 깨끗하게 마무리 짓고 쉬는 사람은 마음껏 쉴 수 있다. 열심히 일하려는 의욕도 더 넘칠 것이다. 재충전의 시간이란 확실한 성과 뒤에 주어지는 선물이다.

S군은 일류대학을 나와 부동산 관련 대기업에 입사하여 영업부에 배치받았다. 꽤 호감이 가는 청년인 데다 나름대로의 능력과 체력도 있었다. 말하자면 장래가 촉망되는 사람이었으며, 실적도 그럭저럭 괜찮은 평가를 받고 있었다. 그런데 자기가 생각했던 만큼 실적이 오르지 않으면 커피숍이나 영화관 등에서 시간을 보내며 꾀를 피우기 시작했다. 차

츰 실적도 눈에 띄게 떨어져 갔다.

어느 날부터인가 함량 미달이라고 생각했던 동료가 자신을 앞지르게 되었고, 오히려 그 동료와 격차가 생기는 처지가 되었다. 그때는 이미 게으름에 길들여져 있어서 원래의 컨디션을 찾기란 불가능해 보였다. 결국 그는 해고되었다. 한참 후에야 그가 도박에 빠져 하루하루를 보내고 있으며 사채업자에게 쫓긴다는 소문을 들었다. 그는 자신과의 싸움에서 결국 자신감을 잃고 나약한 마음을 향해 백기를 들었던 것이다.

게으름을 방치하는 것은 스스로를 속이는 행위다.

"원래 나는 이런 사람이 아니야."라고 하면서도 이런저런 이유로 일을 미루는 유혹에 빠져드는 것이다.

"정말 이래도 될까?"

"나의 중요한 인생을 이렇게 헛되이 보내도 되는 건가?"

이런 생각이 들 때 자신을 돌아보지 않으면 결국 자신이 원하지 않는 방향으로 끌려가고 만다. 사실을 알게 된다 해도 이미 너무 늦었다. 자신을 속이며 살아가는 것만큼 서글픈 일도 없다. 만족은 짧지만 후회는 길다.

당신이 좋아하는 이성에게 마음을 전하지 못한 채 멀리서 바라만 본다면 그 사랑은 이루어질 수 없다. 자신의 마음을 상대에게 전해야만 비로소 기회가 주어지는 것이다. 좋아서 어쩔 줄 모르는 마음을 모른 척한다면 용기도 나지 않는다. 이것은 스스로 작아지는 행동이다. 자신의 속마음을 누르며 사는 사람은 참을성이 강한 일면도 갖고 있다. 그래서 자신의 직업이나 입장에 불만이 있어도 어떻게든 참으며 일하곤 한다. 하지만 그 울분은 긴장감이 풀리는 순간 폭발하게 되어 있다.

평상시에는 성실하고 점잖던 사람이 술만 마시면 딴 사람이 되는 경우도 많다. 술주정으로 평소의 스트레스를 푸는 것이라고 이해는 가지만, 주변 사람에게는 폐가 되는 것은 사실이다. 마음이 약한 사람일수록 자존심은 더 단단하다. 현실과 자존심의 격차가 크기 때문에 자극도 쉽게 받고 불만도 커지기 쉽다. 더구나 이들 대부분은 자신의 문제를 주변의 탓으로 돌려 순간 마음의 안정을 찾으려 한다.

게으름은 방치할수록 점점 나빠지는 마음의 병이어서 결국 자신에게 숨겨진 가능성의 씨앗마저 사라지게 만든다. 게으른 마음은 빨리 치료할수록 좋다.

Tip 나의 게으름 지수는?

1. 아프지 않은데 하루 종일 누워서 TV만 시청한 적이 있다.

2. 집에 혼자 있을 때 식사 준비가 번거로워 한 끼 정도는 굶어 본 적이 있다.

3. 전화가 왔는데 움직이기 귀찮아서 시끄러운 벨 소리를 참아 내며 받지 않은 적이 있다.

4. 연휴나 휴가 때 삼 일 동안 머리를 감지 않고 버틴 적이 있다.

5. 가끔 칫솔질이 귀찮아서 자일리톨 껌으로 대신한 적이 있다.

6. 발가락으로 선풍기나 리모컨을 작동시킨 적이 있다.

7. 방바닥에 머리카락이 엉켜서 굴러다닌 적이 있다.

8. 책상 위에 너무 많은 물건이 놓여 있어 책상 바닥이 보이지 않을 때가 있다.

9. 이메일에 답장을 미루다가 결국 못 쓴 적이 있다.

10. 주어진 프로젝트를 시간이 충분히 있었음에도 미루다 결국 마감 시간 임박해 밤을 새며 한 적이 있다.

11. 약속 시간에 꼭 조금씩 늦는다.

12. 일기에 '오늘도 시체놀이를 했다.'가 적을 수 있는 전부다.

13. 콧물이 흐르는 데 어디까지 흐르는지 닦지 않고 놔둔 적이 있다.

14. 잠을 열 시간 이상 잔 적이 있다.

15. 해야 하는 줄 알고 있으면서도 회의 자료 및 프레젠테이션 준비를 하지 않고 그냥 간 적이 있다.

16. 상사 및 주변 사람들의 심부름을 하는 것이 정말 괴롭다.

17. 내게 새로운 일이 일어나는 건 정말 피곤하다.

18. 주말 동안 한 번도 집 밖에 나간 적이 없던 날이 있었다.

19. 입을 옷이며 가방은 늘 출근 직전에야 챙긴다.

20. 벗어 놓은 옷이 늘 구석에 쌓여 있다.

15개 이상

당신이야말로 게으름의 진수! 숨 쉬는 것을 피곤하게 생각하지 않도록 조심하라. 적당한 게으름은 삶에 힘이 되지만, 지나친 게으름은 당신의 삶을 좀 먹는다.

10~14개 사이

당신은 게으르니스트. 집에서 구박받으며 자신의 신념을 고수한다. 하지만 작은 것부터 자신이 고칠 수 있는 것을 찾아보자. 직장 동료와 가족에게 게으름과의 전쟁을 선포하라. 작은 노력이 모여 삶을 바꾼다.

5~9개 사이

요즘 피곤한 일이 있는지? 아니면 적절한 게으름으로 여유를 누리는 당신. 이러한 게으름도 적당히 누려야 한다. 자칫 지나치면 당신도 무척이나 게을러질 수 있다. 적당히 게으름 피우고, 다시 힘을 내어 생활하자. 개미와 베짱이의 교훈이 괜히 있는 게 아니다.

부지런한 것과 쫓기듯 바쁜 것이 다르듯,
게으름과 여유로움은 분명 다른 것! 게으름과 여유를 구분하자!

직장이 전부다

12 행복한 프로페셔널

— 에필로그

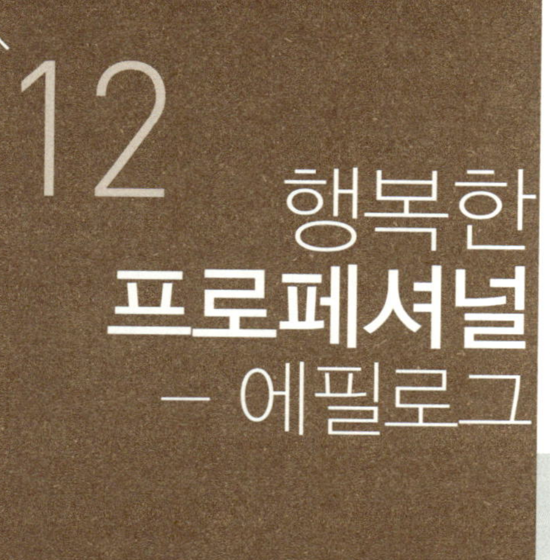

"실패하고 싶지 않다는 것은 자신의 나약함을 스스로 인정하는 것이다.
대부분의 실패하지 않는 사람은 어떠한 도전도 하지 않는 사람이다. 이것이 가장 큰 실패다.
살아온 지금까지의 인생에서 실패를 두려워하지 않고 도전했던 적은 몇 번이나 될까?"

12

행복한 프로페셔널 – 에필로그

자신의 나약함에서 도망치지 마라

이 책을 읽으셨다면 비즈니스 사회에서는 '인재로 거듭나지 않으면 안 된다.'라는 것쯤은 충분히 이해하셨으리라 생각된다. 인생을 유익하게 살고 싶다면 일과 인생을 의미 있게 하지 않으면 안 된다.

그러기 위해서는 당신 자신이 스스로의 의지로 변화하는 것이 중요하다. 그 확고한 의지와 구체적인 행동이 앞으로의 인생을 크게 좌우하기 때문이다.

그러기 위해서는 자신의 나약함에서 도망쳐서는 안 된다. 인간은 나약한 동물이기 때문에 그런 버릇이 생기면 일생에서 도전하는 즐거움을 잊고 살아가게 된다. 이것은 매우 불행한 일이다.

인간은 모두 '강인함'을 갖고 있다

30대는 체력과 기력이 있고, 경험도 쌓아 왔을 것이다. 그 시기에 당신의 금자탑을 세우지 못한다면 결코 즐거운 인생이라고 할 수 없지 않을까?

좋지도 나쁘지도 않은 승부의 시기다. 당신의 장래에서 도전을 피해갈 수는 없다. 실패하더라도, 좌절하더라도 괜찮지 않을까? 그러한 경험을 많이 하면 할수록 크게 성장할 수 있다. 적어도 그러한 사고방식을 갖길 바란다.

"실패하면 어떤가!"

"좌절하면 어떤가!"

나는 그렇게 외치고 싶다.

- 실패하면 → 다시 시작하면 된다.
- 틀렸으면 → 바르게 고치면 된다.
- 문제가 있으면 → 해결하면 된다.
- 정보가 부족하면 → 밖으로 나가면 된다.
- 인맥이 없으면 → 사람을 만나면 된다.
- 일이 잘 진행되지 않으면 → 지혜를 빌리면 된다.
- 일이 늦다면 → 방법과 순서를 바꾸면 된다.

성공한 벤처기업의 경영자라면 모두 다음과 같이 말할 것이다.

"비즈니스에 불가능이란 없다. 누구든지 해서 안 되는 일은 없다. 할 수 없다는 것은 하지 않았을 뿐이다."

자기 혁신을 잊어버리는 사람은 이러한 발상을 할 수 없다. 결국 지금 이상으로 향상하려는 마음이 부족한 것이다. 그리고 향상하려는 마음이 없어지면 모처럼 사라졌던 약한 마음이 다시 싹트기 시작한다. 결과적으로 기대감이나 존재감도 사라져 버리게 된다.

스스로 자신의 나약함에 익숙해져 버리면 그러한 상황이 더 편하다고 느끼기 때문에 자신의 나약함을 인정하게 되는 것이다. 마치 지옥으로 빨려 들어가듯이 나약함의 늪에 빠지게 된다.

이러한 심리 상태가 되면 비즈니스 사회에서 성과를 내기는 어렵다. 그러나 비즈니스 사회는 모두 성과로 판단된다. 성과를 내지 못하는 비즈니스는 비즈니스가 아니다. 비즈니스에서 성과를 낼 수 없는 사람이 후회 없는 인생을 보낼 수 있다고는 생각할 수 없다.

"실패하더라도 좋으니까 도전해 보자."라는 마음을 계속 간직하는 것이 자신의 나약함으로부터 도망치지 않는 비결이다.

어느 누구라도 모두 강해질 수 있다. 강해질 수 없다고 생각하는 사람은 자신을 강하게 하는 기술을 알지 못하기 때문이다. 이 책을 읽었다면 자신의 나약함을 극복하는 방법을 무수하게 발견하지 않았을까?

계속 도전 의식을 갖는 인생이어야 한다

세상에서 성공을 거둔 사람들은 실패를 거듭하면서도 그 경험을 바탕으로 다음 대책을 세워 계속 도전한다.

나는 수없이 많은 성공한 사람들을 만났지만 성공을 연속적으로 하는 사람은 한 사람도 보지 못했다. 모두가 실패도 하면서 때로는 좌절을 경험하면서 지금의 성공을 이룰 수 있었던 것이다.

그러한 사람들의 살아가는 방식에는 나 자신도 모르는 사이에 감동해 버린다. 그 이유는 그들이 자신의 한계에 도전해 왔기 때문이고, 자신의 인생을 소중히 여기며 살아왔기 때문이다. 또한 그들은 실패도 두려워하지 않는다. 샐러리맨이라도 이러한 의식이 중요하다.

이와 같은 사고방식으로 전진해가면 무서울 것이 없다.

다시 한 번 강조하지만 실패하고 싶지 않다는 것은 자신의 나약함을 스스로 인정하는 것이다. 도전하면 실패가 따르는 것은 당연한 일이다. 그리고 실패하지 않는 것보다 성공하는 편이 낫다는 것은 이미 정해진 사실이다. 그런데 대부분의 실패하지 않는 사람은 어떠한 도전도 하지 않는 사람이다. 이것이 가장 큰 실패다.

나 자신도 실패를 거듭하면서 현실을 알게 되었을 때, 처음으로 강해졌다는 느낌이 들었다. 자신의 힘으로 허들을 뛰어넘었을 때의 충만함은 그 어떤 것으로도 대신하기 어렵다. 그리고 새로운 용기가 솟아나게 된다.

인생을 최선을 다해 살아간다는 것은 실패를 거듭하면서도 그것을 계기로 삼아 보다 높은 허들에 도전하는 것이다. 일도 마찬가지다.

당신이 살아온 지금까지의 인생에서 실패를 두려워하지 않고 도전했던 적은 몇 번이나 될까?

그 횟수가 많은 사람일수록 인생을 신중하게 그리고 적극적으로 살고
있다.

마지막에 외친다. 이것이 진실이다! – 프로페셔널이 되기 위한 주문

▶ 바뀌지 않는 것이 아니다. 바꾸려는 마음이 없는 것이다.

▶ 할 수 없는 것이 아니다. 하지 않을 뿐이다.

▶ 회사가 나쁜 것이 아니다. 당신이 안 되는 것이다.

▶ 일이 잘 되지 않는 것이 아니다. 잘 되는 방법을 실천하지 않을
  뿐이다.

▶ 성과는 나오는 것이 아니다. 스스로 만들어 내는 것이다.

▶ 행동력이 없는 것이 아니다. 당장 하지 않을 뿐이다.

▶ 의욕이 없는 것이 아니다. 꿈이나 욕망이 없을 뿐이다.

▶ 급여가 적은 것이 아니다. 낮은 임금을 받을 만한 일밖에 하지
  않기 때문이다.

▶ 일이 재미없는 것이 아니다. 재미있게 하지 않기 때문이다.

▶ 사람이 힘을 빌려 주지 않는 것이 아니다. 사람을 활용할 수 없
  기 때문이다.

▶ 목표를 달성할 수 없는 것이 아니다. 전략이 없기 때문이다.

▶ 부하가 따라와 주지 않는 것이 아니다. 당신에게 매력이 없는 것
  이다.

▶ 전략이 없는 것이 아니다. 공부하지 않을 뿐이다.

▶ 일에 쫓기는 것이 아니다. 자기가 쫓는 것이다.

▶ 지혜가 모자란 것이 아니다. 지혜를 짜내려고 궁리하지 않을 뿐이다.

▶ 자신은 나약한 것이 아니다. 강해지려고 노력하지 않을 뿐이다.

이제 "인재로 거듭나자. 나는 프로페셔널이다!'

간단히 해보는 '나의 프로지수' 체크

Q1. 현재 몸담고 있는 분야에 대한 경험과 전문지식은 어느 정도 수준인가?

① 국내외 권위 있는 상을 수상한 경험이 있거나 외부의 높은 평가를 받고 있다.(5점)

② 전문서적을 집필할 정도가 되거나 그런 경험이 있다.(4점)

③ 전문 분야에 관하여 타인에게 지도, 강의할 수 있으며 그런 경험이 있다.(3점)

④ 전문서적을 읽고 이해, 평가가 가능하고 나아가 현재의 일에 응용할 수 있다.(2점)

⑤ 상기 어떤 수준에도 도달해 있지 않다.(1점)

Q2. 현재 당신이 하는 일의 업무 추진 스타일은 어떠한가?

① 상급 책임자로부터 철저한 감독을 받기 때문에 책임 수준을 생각할 필요가 없다.(1점)

② 약간의 지시를 받아서 정해진 방법에 따라 해 나간다.(2점)

③ 일의 방법은 어느 정도 정해져 있지만 스스로 절차를 정하여 실행한다.(3점)

④ 스스로 어떤 일을 할 것인가와 일의 방식을 정한다.(4점)

Q3. 다른 사람에게 생각과 업무 내용을 전달하는 데 커뮤니케이션 능력은 어느 정도인가?

① 나만의 독특한 의사 전달 능력과 경쟁력을 개발했으며 대부분 나의 주장에 수긍한다.(4점)

② 전문지식을 바탕으로 사안에 대한 문제점과 해결점을 분석하여 논리적으로 전달할 수 있다.(3점)

③ 나의 생각을 어느 정도 조리 있게 말하는 편이다.(2점)

④ 기회나 경험이 부족하지만 효과적인 커뮤니케이션이 가능하도록 늘 노력한다.(1점)

⑤ 타인과의 대면에 경험이 부족하여 의사 전달에 장애를 느끼는 편이다.(0점)

Q4. 일을 처리하는 데 완벽성은 어느 정도인가?

① 자신의 평가를 포함한 모든 기준에서 완벽할 경우에만 그 일에 만족할 수 있다.(5점)

② 스스로는 미흡하다고 느끼는 점이 있더라도 외부의 평가가 좋은 편이라면 어느 정도 만족한다.(4점)

③ 일의 완성도가 다소 떨어지더라도 업무 흐름상 시간과 목표치를 적당히 고려해 마무리한다.(3점)

④ 나는 모든 일에 어느 정도 적당하다는 생각이 들면 쉽게 만족하는 편이다.(2점)

⑤ 나는 평소 대충대충 일을 처리한다는 주변의 평가를 듣는다. (1점)

Q5. 어떤 특정한 일을 처리하기 위해 식음을 거르거나 밤을 새운 적이 있는가? 즉, 일에 대한 프로다운 근성이 있는가?

① 일을 마칠 때까지는 자주 그런 편이다.(4점)

② 평소 그런 경우가 가끔 있는 편이다.(3점)

③ 필요한 경우 그랬던 경험이 한두 번 정도 있다.(2점)

④ 그런 경험이 전혀 없다.(1점)

Q6. 해당 분야에서 경제적 수입(연봉)은 어느 정도인가?

① 해당 분야 최고 수준(5점)

② 해당 분야 상위 30% (4점)

③ 보통이다.(3점)

④ 해당 분야에서 낮은 편(2점)

⑤ 해당 분야 최하 수준(1점)

Q7. 평소 자신의 분야에서 프로라고 생각하는가?

① 나는 내 분야에서 항상 프로라고 자신한다.(4점)

② 나는 현재는 아니지만 곧 프로가 될 것이라고 생각한다.(3점)

③ 나는 프로로서의 자질과 능력을 갖추었지만 아직 빛을 발휘하지 못하고 있다.(2점)

④ 나는 아직 프로가 되기에는 경험과 능력이 부족하다.(1점)

⑤ 나는 전혀 프로와는 관계가 없으며 프로가 되고 싶은 마음도 가져 보지 않았다.(0점)

30점 이상

당신은 단연 자타가 공인하는 최고, 진정한 프로.

프로인 당신은 아름답습니다! 당신이 가지고 있는 프로로서의 아름다움을 많은 후진들에게 전수해 주는 일은 매우 보람 있는 일이 될 것이다.

29~20점

당신은 이미 프로의 반열에 들어섰음! 앞으로는 지금의 위치를 지키며 최고로서의 프로, 진정한 프로의 길로 나아가는 것뿐! 현재의 페이스를 유지하면서 좀 더 내실 있는 가시적 성과와 자기 PR에 관심을 가진다면 당신은 머지않아 모두가 인정하는 최고가 될 것이다.

19~10점

아직 프로라 불리기는 어렵지만 프로가 될 수 있는 상당한 자질과 능력, 소망을 갖추었다. 당당한 프로페셔널로 우뚝 선 자신의 모습을 상상하면서 노력을 멈추지 말길!

9~5점

프로가 되기엔 부족한 면이 많아 보인다. 노력과 투자를 게을리하고 있는 건 아닌지? 스스로 점검해 보고 보다 계획적인 자기계발 프로그램과 열정의 고양이 필요한 때인 듯.

5점 이하

자기 분야에 대한 많은 열정과 관심, 뚜렷한 목표의식이 필요하지 않을까? 과감히 새로운 분야를 찾아 전환해 보는 건 어떨지? 21세기는 전문화 시대. 무엇이든 자신이 신명나게 할 수 있고 가장 잘할 수 있는 일을 찾아보자!

프로와 아마추어의 차이 20가지

01. 프로는 불을 피우고, 아마추어는 불을 쬔다.

02. 프로는 자신이 한 일에 대해 책임을 지지만, 아마추어는 책임을 회피하는 데 급급하다.

03. 프로는 기회가 오면 우선 잡고 보지만, 아마추어는 생각만 하다 기회를 놓친다.

04. 프로는 돌다리도 두드리고 건너지만, 아마추어는 두드리고도 안 건넌다.

05. 프로는 자신의 일에 목숨을 걸지만 아마추어는 자신의 일에 변명을 건다.

06. 프로는 여행가이고, 아마추어는 관광객이다.

07. 프로는 타인의 말을 잘 들어주고, 아마추어는 자기 이야기만 한다.

08. 프로의 하루는 25시간이지만, 아마추어의 하루는 24시간일 뿐이다.

10. 프로는 뚜렷한 목표가 있지만, 아마추어는 목표가 없다.

11. 프로는 행동을 보여 주고, 아마추어는 말로 보여 준다.

12. 프로는 너도 살고 나도 살자고 하지만, 아마추어는 너 죽고 나 죽자고 한다.

13. 프로는 자신에게는 엄하고 남에게는 후하지만, 아마추어는 자신에게 후하고 남에게 엄하다.

14. 프로는 놀 때 최고로 놀지만, 아마추어는 놀 줄 모른다.

15. 프로는 리더(Leader)고, 아마추어는 관리자(Manager)다.

16. 프로는 평생 공부를 하지만, 아마추어는 한때 공부를 한다.

17. 프로는 결과보다 과정을 중시하지만, 아마추어는 결과에 집착한다.

18. 프로는 독서량을 자랑하지만, 아마추어는 주량을 자랑한다.

19. 프로는 강자에게 강하고, 아마추어는 약자에게 강하다.

20. 프로는 사람을 소중히 하고, 아마추어는 돈을 소중히 한다.

지은이

이와이즈미 다쿠야

일본 도토리 현의 야마오쿠선사에서 태어나 18세에 득도하여 승적을 얻었다. 그 후 와세다대학 정치경제학부를 졸업한 후 대기업 증권회사, 출판사에서 샐러리맨 생활을 거쳐 37세에 매스컴 관련 회사를 설립하였고, 현재 HRS종합연구소 소장을 함께 맡고 있다.

그는 '당장 한다'가 신조일 만큼 정열파이며, 인생 경험을 통해 배운 지혜를 바탕으로 비즈니스맨으로서 무엇이 중요한가를 주제로 많은 저술을 했다.

주요 저서로는 『성장하는 사람은 사람의 힘을 빌리는 방법이 뛰어나다』, 『부탁을 받는 사람일수록 존재감이 있다』, 『영업의 기본을 확실히 익힐 수 있는 책』, 『이렇게 해서 팔면 된다』, 『설득, 교섭의 기본을 알 수 있는 책』 외에도 다수가 있다.